LA MAGIE DE LA POLITESSE

FLORENCE CANE

LA MAGIE DE LA POLITESSE

Comment les bonnes manières rendent heureux

hachette

TABLE D'ORIENTATION

LA PREMIÈRE DES POLITESSES

La première des politesses, et je crois la plus dure, c'est celle que chacun se doit à soi-même. Être poli avec soi, c'est la première chose à faire. J'ai toujours été fascinée par les gens qui s'aiment, ceux qui, d'une façon ou d'une autre, ne remettent pas en cause l'amour qu'ils ont pour eux-mêmes.

Je me souviens d'une conversation avec un directeur général d'hôtel qui venait de se faire remercier par le propriétaire de l'établissement après quelques mois de prestations préouverture particulièrement catastrophiques. Je lui ai dit : « Ne t'en fais pas, c'est juste que votre binôme n'était pas adéquat, mais tu vas repartir et trouver un nouvel emploi rapidement... » Et lui me répondre : « Ah non, mais ne t'en fais pas non plus, je ne me remets pas en question deux secondes. » Incroyable, n'est-ce pas ?

Incroyable, cette capacité à s'aimer sans se remettre en question, cette force qui consiste à ne pas douter de soi et à avancer sans entacher sa confiance. Je parle de confiance, mais je devrais plutôt parler d'estime. J'ai par exemple une grande confiance en mes capacités quand il s'agit de ma vie professionnelle, et très peu d'estime de moi quand il s'agit de ma vie personnelle.

Or, c'est bien dans cet aspect-là de sa vie qu'il convient d'être aligné, l'estime de soi, l'amour de soi et tout ce qui doit naturellement en découler : la douceur, la compréhension, la patience, la bienveillance et plus généralement, la politesse.

Être poli avec soi-même, qu'est-ce que ça signifie?

Cela commence par une juste compréhension de qui l'on est, de son parcours, des handicaps avec lesquels on est arrivé sur Terre et de la lucidité sur la vie que l'on mène. Cette lucidité doit toujours servir de levier pour aller puiser la tolérance nécessaire à la mise en place d'une vie douce. Savoir que sa vie est ainsi faite, savoir que l'on est ainsi fait, doit aider à deux choses : d'abord la compréhension des chemins de travail qui se présentent en face de soi, pour s'améliorer et évoluer; ensuite l'amour dont il faut faire preuve pour pouvoir accepter certains mécanismes qui mettent parfois du temps à devenir plus vivables ou à s'effacer.

Dans ma tête, habite toute une famille de saboteurs, ils passent leur temps à me dire que je suis nulle, que je suis comme ci ou comme ça. Ce sont eux, les vrais ennemis.

Cet hiver, alors que je gravissais le plateau Saint-Jean et ses 283 mètres de dénivelé positif avec mon mari à ski de fond, j'étais à la traîne - pas le cardio, pas les cuisses, pas le moral -, et lui grimpait devant moi comme un cabri. « Allez mon amour ! » Et mon saboteur de lui répondre dans ma tête : « C'est normal avec tous les kilos en trop, comment veux-tu qu'elle avance... »

Me voilà loin d'être polie avec moi-même.

Face à ce mauvais mécanisme, il convient d'abord de comprendre que ce n'est pas moi qui parle mais bien un saboteur et que, comme tous les saboteurs, il ment. Il convient ensuite et pour toujours de me regarder avec amour. Car la bonne réaction est la vérité, celle qui consiste à remarquer que la détermination dont je fais preuve pour me lancer dans cette ascension et arriver au bout est formidable, peu importent mon rythme et le temps que je mets.

La politesse avec soi commence par la compréhension et la tolérance. S'aimer soi-même est bien ce qui compte le plus, de même que se respecter et s'accorder toutes les précautions du monde; car les gens autour de vous se comporteront sans aucun doute à l'image de la façon dont vous vous comportez avec vous-même.

DÈS DEMAIN

Dès demain, faites cet exercice et regardez-vous dans la glace ; qu'est-ce qu'il y a de formidable en vous ? Et je ne veux pas entendre « rien », car cela n'existe pas. Un sourire, une patience hors norme, des cheveux splendides, des yeux à tomber, une intelligence rapide, de l'empathie, de la force, de la vitesse... Listez tout ce qu'il y a de chances en vous, d'opportunités merveilleuses, et si cet exercice ne suffit pas, alors faites-en un autre : envoyez un message à cinq de vos proches et demandez-leur de vous lister trois raisons pour lesquelles ils vous aiment. Vous verrez, c'est un exercice très gratifiant. Instaurer la politesse avec votre personne, c'est le commencement d'une certaine forme de bonheur.

POURQUOI DEMANDER AUX GENS « COMMENT ILS VONT » A CHANGÉ MA VIE

Un de mes anciens fiancés, sudiste, marin, très nature, avait le franc-parler équivalent à la franchise de sa poignée de main. À chaque fois qu'il entrait dans une boutique, il regardait la vendeuse et s'exclamait : « Alors, ça va ? » Avec son accent chantant et sa carrure d'athlète, ça avait sacrément de la gueule. Je regardais les réactions des gens, toujours surpris, et avec les années, j'ai intégré ça dans ma vie. Au début un petit peu, et puis complètement jusqu'à ce que cela devienne un réflexe dont je ne me départs jamais.

Cette phrase, « Comment allez-vous ? », d'une simplicité abusive, change mon quotidien. Tous les jours, dans toutes les situations, avec n'importe quel interlocuteur et quel que soit l'objet de ma visite, je demande systématiquement à la personne en face de moi comment elle va. Ça paraît tout bête, mais c'est comme une formule magique avec des pouvoirs immensément étendus et des effets particulièrement immédiats.

Illustration. Il y a deux jours, je suis allée chez Décathlon acheter une chemise pour ma jument. J'arrive dans le département équitation et la jeune femme avait le nez plongé dans un bac, elle rangeait les cravaches. « Bonjour, Madame. » Et elle de me répondre « Bonjour », sans se redresser. Quand elle me regarde enfin, je lui adresse le fameux : « Comment allez-vous aujourd'hui ? » Et là, comme à chaque fois, le pouvoir agit. L'effet de surprise passé - car il y a toujours un premier moment de surprise, parfois même un petit recul physique -, cette charmante vendeuse s'ouvre comme une fleur, elle me regarde dans les yeux, me sourit et me répond : « Mais ça va très bien et vous-même ? » Ça y est, c'est fini, tout est dit et tout est enclenché, la relation est plus douce, plus agréable et le rapport qui va s'installer entre elle et moi tout de suite plus sensible. Je lui explique alors ce que je cherche et immédiatement elle se donne plus de peine, essaie de me faire plaisir, va chercher encore et encore, bref, me rend, par ses services, l'intérêt que je lui ai offert.

Cette simple phrase change la vie. Quelques secondes de plus suffisent pour la prononcer, et ce, quel que soit le lieu, quelle que soit la personne en face, quel que soit le moment de la journée.

Quand je suis à Paris et que j'achète des tickets de métro, je demande au contrôleur de la RATP comment il va, à la caisse du supermarché, je regarde la caissière dans les yeux, je marque un temps d'arrêt, je m'adresse à elle : « Comment allez-vous ? » ; et ainsi quand je monte dans l'avion, à la caisse au cinéma, évidemment chez le boucher, le fromager et tous les commerçants. Je me rends compte que personne n'échappe à la règle, mais aussi à quel point cette façon d'aborder les gens au quotidien est source de bonheur partagé, et je pèse mes mots quand j'écris cela.

Prendre ces quelques secondes de plus - je viens de me chronométrer, on parle de moins de trois secondes - offre l'opportunité de marquer une pause, de regarder dans les yeux la personne en face, de lui accorder de l'intérêt et de poser une question en ayant réellement l'envie d'entendre la réponse. C'est l'une des plus jolies choses que j'ai décidé de faire dans ma vie et je n'ai absolument aucun doute sur le fait que cela rendra votre vie quotidienne plus heureuse.

DÈS DEMAIN

Évidemment, c'est ma formule magique, celle que je recommande à tout le monde, alors vous pensez bien que dès demain, je vous invite à essayer. Comme à chaque fois, commencez gentiment, à la boulangerie ou au supermarché, à la caisse en regardant la vendeuse. Quel que soit votre premier essai, vous ne serez pas déçu, c'est une évidence.

LES PRÉSENTATIONS

Les présentations ne se font pas au hasard, au même titre que la poignée de main, les baisers ou l'orthographe ; tout cela répond à des règles strictes auxquelles il convient de se plier.

En écrivant cela, je souris en repensant à une de mes stagiaires, qui orthographiait « schéma » « shéma ». Je m'entends lui dire : « "Schéma", Gwendoline [je ne me souviens plus de son prénom], c'est "s-c-h" et pas "s-h". » Et elle me répondait cette phrase que j'ai gardée en mémoire : « Ouais, je sais, vous me le dites tout le temps, mais j'sais pas, ça ne me revient pas avec le "c". »

Alors les présentations, c'est un peu comme l'orthographe, il n'y a pas mille et une façons de présenter les gens entre eux, il y a des codes, qu'il convient d'apprendre et d'appliquer, c'est tout aussi implacable que le « c » après le « s » dans « schéma », c'est ainsi et pas autrement.

Ainsi, je ne m'éloignerai pas des codes de bienséance en ce qui concerne les politesses de présentation, je me permettrai juste en revanche de proposer quelques béquilles aux cas fréquents d'oublis, de dérapages, de gaffes ou autres glissements... sociaux...

Les trois règles d'or

Les présentations obéissent aux règles fondées sur l'âge, le sexe et le statut social.

Petit rappel de base : celui à qui l'on présente est celui à qui l'on s'adresse en premier ; celui que l'on présente est celui de qui nous donnons d'abord le nom.

Illustration simple : « Madame Michu, je me permets de vous présenter Monsieur Pinpin. » Ici, on présente Monsieur Pinpin à Madame Michu.

Ainsi, vous rappelant cela, il y a trois règles à respecter :

- Règle numéro 1

On présente toujours à une femme un homme.

- Règle numéro 2

On présente toujours à une personne plus âgée une personne plus jeune.

- Règle numéro 3

On présente toujours à la personne la plus haut placé socialement celle qui l'est le moins.

Évidemment, une fois que l'on a posé ces trois grands principes qui sont ceux qui doivent toujours gouverner les présentations, il convient de se poser la question des hiérarchies, dans les cas - hasardeux - de cumul des qualificatifs. En effet, comment faire quand il y a une femme âgée face à un homme gradé ? Ou une jeune femme directrice face à un vieil homme ?

S'il fallait établir une hiérarchie, retenez que les femmes passent en premier, toujours, et que dans le cas d'une présentation de deux femmes entre elles, vous présenterez la plus jeune à la plus âgée ; que les statuts sociaux priment ensuite sur les femmes et que l'âge enfin gagne dans le cas de deux couples à présenter l'un à l'autre.

Autrement dit, pour vous en souvenir, pensez femme/statut/âge et vous devriez normalement pouvoir faire face aux configurations de la vie de tous les jours.

Si je suis certaine que vous vous en sortirez, que faire dans les cas, réels, où l'on ne sait plus... qui est qui et/ou qui fait quoi ? Ainsi, j'ai rencontré un bon nombre de personnes durant ma carrière professionnelle et il m'est déjà arrivé, plusieurs fois je dois l'avouer, de revoir quelqu'un dont je ne me souvenais plus du nom. Voici quelques idées pour éviter les impairs.

Pour éviter les impairs

Si vous êtes en train de discuter avec un ami à une soirée et que vous êtes abordé par une personne que vous savez connaître mais dont le nom et le prénom vous échappent complètement, vous pouvez alors tordre légèrement le bras aux règles de présentation afin de ne pas passer pour une personne désagréable et profiter de l'arrivée de l'inconnu dans la conversation pour tricher un peu et vous en sortir convenablement.

« Bonjour, Florence, comment vas-tu ? – Merci, je vais très bien, ravie de te revoir. Laisse-moi te présenter mon ami Jean-Michel Pieplu. » Et là, la plupart du temps, l'inconnu qui vous connaît, en tendant la main à Jean-Michel Pieplu, s'il a un minimum d'éducation, donne son prénom et son nom. Bim ! Vous êtes sauvé. Si l'aventure continue normalement, à l'écoute du prénom et du nom de l'inconnu, vous devriez même vous souvenir de son poste et d'où vous le connaissez. Cette technique marche presque toujours. Néanmoins, il m'est arrivé de l'appliquer et que la personne serre la main, sans donner son nom... Non content de ne pas être inoubliable, cet inconnu était en plus peu éduqué...

Deuxième cas particulier : vous êtes dans la même configuration mais vous êtes seul. L'inconnu qui vous connaît arrive, il commence à vous parler et vous ne savez plus qui est cette personne. Il faut alors, avec la plus grande des délicatesses, lui poser des questions et vous intéresser à lui : « Et aujourd'hui alors, que fais-tu ? » Il pourra répondre : « Toujours chez Orange » et vous aurez eu un indice, ou : « Eh bien, j'ai quitté Orange depuis la dernière fois que l'on s'est vu »... Et vous voilà avec un autre indice.

Dernier cas difficile, mais plus anecdotique, à l'étranger. Le voyage à l'étranger est perturbant en termes de présentations ; chaque pays a ses coutumes, ses mœurs, et il n'est pas forcément simple de tout comprendre. Je me souviens ainsi d'une réunion avec des hommes coréens où mon client s'adressait à moi sans jamais me regarder, il ne regardait que l'interprète à côté de moi ; scène identique vécue aux Émirats où l'homme assis en face, avec son faucon sur l'épaule, faisait les affaires avec moi, mais ne me regardait jamais non plus. Ainsi, pour évoluer du mieux possible dans ces contextes différents, il convient de rester sagement à sa place et d'attendre d'être guidé convenablement tout en restant vigilant sur les personnalités qui vous sont présentées, leur physique et leur nom.

En effet, on se doute bien que quand on est français, éduqué en France, il est évidemment plus difficile de retenir les visages et les noms de vos clients Daskalantonakis, Chang, Lee ou Tchoumachenko...

J'étais au Japon, à l'école Tsuji, face à une ligne de collaborateurs japonais de l'école qui allaient travailler avec moi sur le projet. Mon interlocuteur me présentait les hommes un par un et je les saluais un par un. Je hochais la tête et ils penchaient le buste. Il devait y avoir une dizaine d'hommes, tous habillés pareil et avec des noms compliqués pour moi à retenir. Au bout de la file, j'ai salué le dernier et le traducteur m'a dit : « Mais c'est Monsieur Yamamoto, que vous avez salué en premier. » Monsieur Yamamoto s'était déplacé, passant de tout devant à tout derrière et, prise dans mes salutations, je ne l'avais pas reconnu... Dans les cas particuliers de présentation à des étrangers, pour vous aider, soyez particulièrement attentif aux physiques, aux visages, aux vêtements, même, et donnez-vous la peine de retenir autant que possible un trait caractéristique - une couleur, un motif, une cravate - sur lequel vous appuyer pour ne pas vous retrouver dans la terrible situation très gênante que je viens de vous conter.

Une fois les présentations faites, la question est : comment saluer ?

Un hochement de tête, un baisemain - souvent horriblement mal fait -, une poignée de main franche et sympathique, un baiser, ou deux ou trois ou quatre ?

Tout d'abord, une règle délicieuse qui se perd : les femmes, assises, à qui on présente un homme qui arrive (vous vous souvenez, on présente toujours l'homme à la femme) n'ont pas à se lever, sauf si ce sont des jeunes filles ou que l'homme présenté est une grande personnalité.

Serrer la main

Il est de bonne éducation de ne pas serrer la main la première fois que l'on rencontre quelqu'un. Les femmes font un sourire, les hommes inclinent le buste. Si vous voulez néanmoins serrer la main, alors pensez que la poignée de main est tout un art. Un art que je déclinerai en trois parties.

D'abord l'intensité.

J'avais un ami, marin, qui avait une poignée de fer, il serrait si fort la main que certains autres hommes qu'il rencontrait baissaient le buste au fur et à mesure de l'augmentation de la pression qu'il mettait. Serrer la main avec virulence est clairement l'instauration immédiate d'un rapport de force et à moins de vous appeler Zlatan Ibrahimović et de vouloir montrer votre domination immédiate face à tous les autres hommes qui vous entourent dès l'entrée au vestiaire, il est absolument impoli de faire ce geste avec force.

La poignée de main ne doit pas non plus être molle, c'est insupportable, et elle ne doit pas non plus être donnée du bout des doigts, comme si vous offriez un petit bout de chiffon mou.

Il convient de serrer la main avec une juste intensité, fermement mais avec délicatesse, et de glisser toute votre main dans celle de la personne en face.

Vous prendrez soin, enfin, de ne pas recouvrir de votre autre main la main de votre interlocuteur, à moins que vous soyez très proche de la personne et que vous souhaitiez lui donner un accueil particulièrement chaleureux.

Ensuite, le regard.

Évidemment clé. Comme l'écoute. Regardez dans les yeux quand vous serrez la main, et appliquez-vous à tenir le regard deux ou trois secondes. Ne regardez que dans les yeux de votre interlocuteur et nulle part ailleurs, certainement pas par terre ou derrière lui.

Enfin, la stabilité.

Cela peut paraître évident, mais à moins que vous soyez atteint de Parkinson, on ne secoue pas la main de la personne que l'on rencontre. La poignée de main doit être stable, les yeux plongés dans le regard de l'autre, et vous vous appliquerez enfin à sourire aimablement.

Embrasser

« Moi, c'est quatre » ... Et vous voilà embarqués dans une série de baisers atrocement longue, tunnel de bruit et parfois de bave qui ne peut pas être plaisant et encore moins élégant. On n'embrasse pas les gens que l'on ne connaît pas, c'est comme ça ! Le baiser est intime, il doit le rester.

Quand j'arrive dans un endroit où il y a plusieurs de mes amis que j'aime tendrement, s'ils sont assis, alors je fais le tour et embrasse délicatement sur le front ces personnes dont je suis si proche. Juste un baiser. Parfois, si les tablées sont trop grandes, il sera plus opportun d'envoyer des baisers à tous, comme le font les enfants, un baiser dans sa main, un souffle magique et le voilà partagé à tous.

DÈS DEMAIN

Apprenez par cœur les trois règles d'or de la présentation : « femme/âge/statut » et mettez-les en pratique ; cela n'a rien de compliqué et je suis certaine que vous en ferez bon usage. Dès demain, utilisez les présentations faites avec une nouvelle personne pour lui serrer la main avec la bonne intensité, en la regardant dans les yeux et sans la secouer comme un prunier.

LA POLITESSE DE L'ÉCOUTE ET DU REGARD

La politesse de la couleur des yeux

La première fois que j'ai rencontré Daniel Humm, en 2008 ou 2009 je dirais, c'était dans son restaurant de New York, à Madison Square, avec son associé de l'époque Will Guidara. Dans l'immense salle du Eleven on Madison qui n'avait pas encore trois étoiles Michelin à l'époque, j'ai serré la main de ce géant de la cuisine. J'ai commencé à discuter avec Dany, adorable, drôle, accessible, vraiment sympathique, et je me suis rapidement retrouvée prisonnière de l'intensité de son regard. Pour la première fois, je rencontrais une personne qui avait la capacité en quelques secondes de s'offrir à vous à travers le regard jusqu'à vous donner l'impression que vous êtes la seule personne qui compte. Tout s'est joué en quelques instants et la profondeur était telle que ça en était captivant.

Puis nous sommes devenus amis. Quelques années après, j'ai parlé avec lui de ce qu'il avait dans les yeux, de sa façon de regarder les gens, de tout ce qu'il réussissait à faire passer à travers son regard et il m'a dit : « Quand je parle à quelqu'un pour la première fois, je dois toujours me souvenir de la couleur de ses yeux, sinon, c'est que je n'ai pas été assez présent. » J'ai aimé cette volonté douce d'aller chercher la couleur des yeux, je m'en suis largement inspirée après.

Le regard est une fenêtre sur l'âme, même les yeux les plus clairs peuvent devenir noirs de colère et sans rien dire, on peut presque tout faire passer. C'est bien pour cela que le regard est l'une des premières politesses que l'on peut faire à son interlocuteur, quel qu'il soit, en y mettant une réelle volonté de présence et une sincère attention engagée.

Car si tout passe par le regard, il est aussi facile de décider que rien n'y passera ; et si tout l'enjeu des interactions sociales est là, regarder dans les yeux peut être troublant, et soutenir un regard encore plus. Nombreux sont ceux qui préfèrent fermer les yeux en parlant, regarder à côté ou derrière, ou encore baisser les yeux vers le sol ou le ciel, à la recherche d'une quelconque inspiration au mieux, d'une échappatoire au pire. Or ne pas regarder dans les yeux est souvent le fruit de peurs ou le reflet d'une éducation rigide... Il est temps de les dépasser !

Regarder dans les yeux et se mettre à nu

S'il est vrai que l'on peut tout lire dans les yeux, il est compréhensible alors que par pudeur, par peur du jugement aussi ou par peur du regard extérieur, les timides aient parfois tendance à éviter de regarder dans les yeux. Il convient alors de travailler pour accepter de se mettre à nu, reconnaître sa vulnérabilité et, dans une certaine mesure, sa condition commune d'humanité. Car être à l'aise avec soi, c'est donner à l'autre la capacité de vous rencontrer, de vous connaître un peu mieux et d'être étonné par la personne que vous êtes, ce que vous faites ou ce que vous avez vécu. Jamais je n'ai été déçue de parler à quelqu'un dont la vie, l'expérience ou le discours m'ont systématiquement emmenée là où je ne m'y attendais pas. Ouvrez vos yeux pour que l'on puisse y lire vos émotions, que ces derniers deviennent le reflet de votre honnêteté. N'ayez pas peur, vous serez agréablement surpris.

Regarder dans les yeux pour oublier une éducation directive

« Baisse les yeux quand je te parle ! » La violence de cette phrase peut paraître d'un autre temps, pourtant on le sait, nombreux sont les parents dont l'autorité doit se légitimer par des phrases, des cris ou même des menaces. Un enfant qui aura passé une partie de sa vie à être soumis, à regarder par terre et à savoir interdit de soutenir le regard aura du mal, adulte, à se redresser et à regarder dans les yeux. C'est un travail à faire, une joie que vous vous offrez et une politesse que vous partagerez demain avec tous ceux à qui vous parlerez. Regarder dans les yeux n'est pas une preuve de défi, et n'est pas non plus le début d'un rapport de force; bien au contraire, mettez de l'amour dans vos yeux, de la gentillesse et de la bonté, vous verrez qu'ils seront accueillis avec bienveillance.

Regarder dans les yeux et assumer le jeu de séduction

Est-ce que c'est politiquement correct de s'exprimer ainsi? Pour tout vous dire, peu m'importe. Le regard est aussi un jeu de séduction, faire comme si de rien n'était serait mentir... Et vous savez ce que je pense du mensonge. Alors soyons honnêtes, car il faut bien l'assumer à un moment, quand on est une jolie jeune femme, le regard est aussi une source de séduction. D'ailleurs, je préfère que ma séduction passe par mon regard plutôt que par un décolleté plongeant et un soutien-gorge pigeonnant - autre façon de séduire, mais un tout petit peu moins subtile... Alors si, au cours de votre conversation, vous sentez que votre interlocuteur n'est pas insensible à vos charmes, mettez-vous à l'aise, cela ne veut rien dire d'autre que vous êtes ravissante et que c'est une chance. Regarder dans les yeux quand on est une belle femme n'a jamais fait de mal à personne, et séduire encore moins!

Comment regarder dans les yeux

L'exercice peut parfois être délicat, j'en conviens, mais il suffit de s'entraîner un peu et d'adopter quelques trucs qui vous permettront rapidement de tenir bien droit sur vos pieds et d'être bien stable dans vos yeux. La première chose à faire est de ne pas regarder dans les yeux, en tout cas pas les yeux pour de vrai, et la seconde est de ne pas les regarder tout le temps. Quand je dis de ne pas regarder les yeux, vraiment les yeux, ça signifie qu'il convient de regarder la zone des yeux afin de donner à votre interlocuteur la réalité de votre écoute et de votre engagement, sans pour autant vous en retrouver gêné ; parfois, soutenir un regard trop longtemps peut devenir étourdissant. Ainsi, vous prendrez soin de viser l'arête du nez, le coin de l'œil ou le bas du front juste au-dessus des sourcils. Mais restez dans cette zone, il n'y a rien de plus désagréable que quelqu'un qui regarde fixement un bout d'oreille ou pire, une dent… Votre interlocuteur ne pourra que s'inquiéter de sa propreté physique et ce sera particulièrement désobligeant. Regarder les contours des yeux vous permet de ne pas vous enivrer tout en restant positionné au bon endroit.

Si regarder dans les yeux est possible, les respirations sont néanmoins obligatoires. Force est de constater que dans la durée d'un échange, d'une conversation ou d'un discours, soutenir le regard avec intensité devient terriblement fatigant et impossible au bout d'un moment. Pour vous reposer et pallier ces fatigues anticipées, soyez agile, utilisez vos éclats de rire, vos moments de réflexion ou vos toussotements programmés pour vous reposer, fermer les yeux, regarder au ciel ou passer par exemple vos mains délicatement sur votre visage. L'idée est ici de faire une pause et de reprendre son souffle avant de repartir dans l'intensité de la conversation. Car une fois les yeux placés au bon endroit, vous ne devriez plus avoir à vous en soucier et vous pourrez alors pleinement vous concentrer sur l'écoute.

L'écoute ou la seconde des politesses

Si chacun connaissait la puissance d'un moment sincère et attentionné passé à écouter, je suis certaine que plus de gens se donneraient la peine d'en tirer pleinement avantage.

À mes yeux, l'écoute est probablement l'une des plus grandes forces qui soient offertes à l'être humain quand ce dernier décide de se donner la peine de s'en servir. C'est un peu comme une arme très puissante qui dort, que tout le monde a et que peu de gens utilisent. C'est bien dommage, car mise au service des relations humaines ou professionnelles, l'écoute est certainement l'un des meilleurs accélérateurs d'interactions sociales que je connaisse.

Écouter vraiment, qu'est-ce que ça veut dire ?

Je dirais d'abord qu'écouter vraiment, c'est savoir se mettre entre parenthèses un instant. Ainsi, lorsque vous décidez d'entrer dans le jeu de l'écoute, rien ne doit venir l'interrompre. À ce titre, le téléphone portable doit être rangé dans son sac et les notifications mises sur silencieux, les alentours doivent disparaître et les autres interactions sociales ou sollicitations diverses doivent être volontairement tenues à l'écart.

En conséquence de quoi, le terrain de jeu propice à une écoute épanouie n'est pas une évidence et il faut savoir à la fois créer cet environnement tout autant que le préserver. L'écoute est ainsi pour moi à prendre au sérieux, ce qui implique nécessairement une disponibilité d'esprit. Aussi, si d'aventure vous ne deviez pas être totalement disponible, alors il faudra être honnête. Car il peut arriver - parfois fréquemment - de ne pas être prêt à l'écoute ; à ce titre, la politesse veut que cela soit annoncé. Je me souviens d'une période de ma vie assez chargée, où l'une de mes amies était arrivée comme une furie devant moi, s'était assise et avait commencé en me disant : « Je n'en peux plus, j'ai bla-bla-bla... » C'est drôle, mais même en racontant l'histoire, je ne me souviens plus de ce qu'elle avait ; je n'étais pas disponible. Je lui ai dit avec la plus douce des honnêtetés : « Je suis absolument désolée, mais ma propre coupe est pleine en ce moment et je ne réussirai pas à être disponible pour toi, n'en sois pas fâchée. » Dans de telles dispositions, nous pouvons parler de plein de choses agréables et légères, mais pas de sujets contrariants ou exigeants.

En dehors de ces cas d'extrême urgence, où l'on est soi-même dépassé et en incapacité d'en prendre plus, l'écoute se doit d'être réelle et surtout sincère.

La véritable écoute est donc un don de soi, une partie de son temps que l'on offre à son interlocuteur comme un cadeau car il est évident qu'on ne le retrouvera jamais.

Écouter consiste donc à regarder dans les yeux - ou juste à côté... maintenant vous savez faire - et à laisser la personne en face expliquer son histoire. Quelques règles de politesse vous aideront à découvrir le bonheur de cette interaction.

Écouter sans interrompre

Cela va sans dire, mais c'est toujours mieux en le disant. Il ne faut pas interrompre, il est absolument impoli, et très perturbant, de couper la parole. Quand votre ami ou interlocuteur est lancé dans son histoire, peu importe la structure du discours qui vous est servi, peu importe que cela vous semble alambiqué ou que vous n'ayez pas compris, avant qu'une pause soit faite, vous devez laisser parler. Et ce, pour plein de raisons. D'abord, parce que la plupart du temps, si vous avez des questions, vous trouverez les réponses au fil de son discours, sans interrompre donc, mais juste avec un peu de patience ; ensuite, parce que cela peut grandement déstabiliser votre partenaire et qu'il peut perdre son fil, se raviser alors qu'il allait confier quelque chose, être agacé parce qu'il allait vous dire ce pour quoi vous l'interrompez en lui posant une question. Ainsi, pour toutes ces raisons, n'interrompez pas.

Il y a néanmoins des cas particuliers et j'en ai deux spécifiques en tête. Le premier est si vous attendez une nouvelle, un appel important et que vous y pensez ; prévenez alors en amont votre ami, dites-lui simplement : « Je t'écoute, mais sache que j'attends un appel important pour moi, je vais donc garder mon téléphone à côté, je me permettrai de t'interrompre si je recevais ce coup de fil pendant notre échange. » Le second est si vous êtes à la maison et qu'un de vos jeunes enfants vient vous poser une question sans autre forme de délicatesse ; vous pourrez alors vous excuser en disant : « Je te prie de m'excuser, je t'interromps quelques minutes pour répondre à mon fils. »

Savoir accepter les silences

Je crois que c'est certainement ce qu'il y a de plus difficile dans l'art de la conversation, savoir capter les silences qui sont des fins et les différencier de ceux qui sont des pauses. Parce que le sujet est grave, parce que la mémoire vacille, parce que la vérité est dure à dire ou parce que l'émotion est trop forte, il arrive, souvent, que le silence s'installe. Ce silence, s'il est court, sera facilement assimilé à une respiration ; s'il se prolonge, il sera plus difficile à appréhender et encore plus difficile à gérer. Pourtant, les silences sont souvent de bons alliés et il ne faut pas en avoir peur. À ce titre, quand une personne se livre, elle marque souvent des moments de pause, et sans bruit, il faut accepter de laisser le silence s'introduire comme un autre invité, le laisser s'installer, prendre sa place même, car la plupart du temps, la personne qui parlait reprend la parole et continue son discours. Il est en revanche fréquent que la rupture anticipée du silence ait quelques mauvaises conséquences et elle n'est pas recommandée. Si, après quelques longues secondes, vous estimez que le silence est une fin de parole, vous pourrez vous en assurer en glissant un gentil : « Je t'écoute... » et si rien ne vient, alors vous pourrez avec politesse vous conforter sur la nature de ce silence par un simple : « As-tu fini de me parler ? » ou « Veux-tu ajouter quelque chose ? »

Savoir poser des questions, reformuler et comprendre

Après quelque temps, votre ami a fini de parler et vous n'avez pas de doute sur la nature de son silence. Vient alors le temps des questions, de la reformulation et de la compréhension. Car, soyez-en certain, votre meilleure façon de répondre aux besoins de votre amie sera d'abord d'apporter de l'écoute, puis de la compréhension ; avec ces deux alliés, vous aurez déjà aidé la plupart des gens. Ainsi, une fois que le discours sera terminé, vous pourrez poser des questions, mais attention, des questions de compréhension, pas des questions d'investigation et encore moins des questions jugeantes. Après le temps des questions viendra celui de la reformulation. Vous pourrez aussi reformuler pour être sûr d'avoir bien compris et pouvoir par la suite interagir avec la bonne information. Enfin, et surtout, ne perdez pas de vue que ce qui comptera le plus ici, c'est votre empathie, votre capacité à comprendre au mieux votre ami et à lui dire que vous êtes là pour lui. « Je comprends ta peine, ton inquiétude, ta souffrance, ta colère, je comprends et je suis là pour toi.» Évidemment, dans les cas extrêmes de perte d'un être cher, si vous ne pouvez pas comprendre, alors dite juste : «J'entends ta peine et je suis avec toi, je suis là si tu as besoin de moi.» Par ces mots, ne doutez pas que vous prendrez assurément une partie de la douleur.

Arrêter de toujours se remettre au centre

La tentation est grande de sauter sur chaque occasion en disant : «Ah, mais moi aussi, la dernière fois...» et d'enchaîner sur soi, sa vie, son histoire. Bien évidemment, si un des grands principes de la conversation est de relancer l'échange afin que celui-ci reste dynamique, il convient néanmoins de savoir graduer aussi bien sa relance que le contenu des propos échangés. Ainsi, si votre ami raconte comme quelque chose de formidable son ascension du mont Blanc, n'intervenez pas au milieu en expliquant à quel point, vous, de votre côté, vous avez adoré votre dernière dépose en hélicoptère dans les montagnes au Kazakhstan, ce serait absolument impoli. Pondérez vos propos et si vous le sentez, alors ayez parfois la politesse de relancer juste en posant quelques questions douces plutôt que de venir écraser par des expériences qui pourraient être indélicates ou, pire, vexer votre interlocuteur. Enfin, si partager ses expériences pour alimenter les échanges se doit d'être proportionnel au contenu des histoires racontées, il convient aussi d'attendre le bon moment, de laisser parler les autres et de n'intervenir que lorsque le moment est opportun.

Savoir sentir les besoins de son interlocuteur pour ne lui offrir que ce qu'il est venu chercher

L'art de la conversation et la politesse de l'écoute veulent que vous ne donniez à votre interlocuteur que ce qu'il est venu chercher. Ainsi, les conseils ne sont bons à être donnés que quand ils sont demandés, les services bons à rendre que lorsqu'ils sont clairement formulés et les interventions à faire quand elles sont expliquées, mesurées et bien attendues. Afin de rester juste dans ses propos, il peut même parfois être utile de demander à son ami ce qu'il attend de vous : «Je t'ai bien écouté, peux-tu me dire ce que je peux faire pour toi ? » « J'ai bien compris ce que tu m'as expliqué, peux-tu me dire si tu attends quelque chose de moi ? » Ces phrases vous permettront d'ajuster vos réactions et de ne pas proposer ce qui n'est pas attendu. Parfois, la simple écoute est une réponse déjà suffisante, la compréhension en est une autre ; les conseils et les interventions ne sont pas toujours aussi utiles qu'on le pense.

Le cas particulier des soirées mondaines

Un cocktail, une soirée, un anniversaire, un mariage, ces configurations d'interactions sociales sont profondément différentes des cas de conversations sincères et amicales qui ont été pris pour exemple juste avant. Ainsi, dans un dîner mondain ou une soirée remplie par la foule, la plupart d'entre nous s'appliquent à ne regarder personne, à ne s'intéresser à personne et à circuler sans s'arrêter, comme si dire bonjour au plus grand nombre de personnes pouvait être gage de la grande qualité de la soirée...

Combien de fois m'est-il arrivé dans un cocktail de saluer quelqu'un qui regardait déjà une autre personne plus intéressante, plus importante, ou combien de fois, lors d'un événement, je me suis retrouvée à discuter avec quelqu'un qui me disait au beau milieu d'une conversation : « Attends, je reviens... » et qui partait comme si le feu avait démarré pour finalement n'aller que quelques mètres plus loin faire des courbettes à une autre personne dans l'assemblée.

Quel est l'objet alors de ces moments d'entregent ? Comment s'y sentir à l'aise ? Ce n'est pas évident. D'abord, je vous conseille de vous y rendre avec un ami, ce sera toujours plus facile de déambuler accompagné que de marcher seul. Ensuite, soyez honnête et fixez-vous des objectifs pour la soirée : voulez-vous rencontrer une nouvelle personne ? Voulez-vous faire des affaires, présenter deux personnes entre elles, remercier quelqu'un par votre présence, montrer simplement que vous êtes là ?... Quelle que soit votre raison, soyez en phase avec et n'ayez pas d'autres attentes qui seront la plupart du temps déçues par la soirée.

Dans ces moments-là, il faut donc accepter de faire des mondanités, c'est-à-dire papillonner et butiner d'une conversation à une autre. Mais de quoi parler, alors ? Il va de soi qu'il serait absolument inopportun de parler d'un problème personnel ou de vous confier à une personne de passage, en revanche, vous apprendrez à aborder des thèmes légers, qui permettent d'occuper le temps et de passer d'un interlocuteur à un autre. Vous pourrez parler de la qualité des mets de la soirée, de la beauté de l'endroit, de la gentillesse de votre hôte, de la façon dont vous vous êtes rencontrés, vous pourrez parler de choses légères et peu engageantes, voilà comment passer une soirée délicieuse, à condition d'y être préparé !

DÈS DEMAIN

Testez le regard au niveau du haut du visage, vous serez surpris de l'efficacité ; quant à l'écoute, prenez soin de ne pas interrompre le prochain monologue de votre ami et demandez-lui ce que vous pouvez faire pour lui, vous n'en serez que plus juste et à votre place.

LE MÉMENTO DU MANTEAU

Il est confortable d'avoir deux ou trois manteaux, dans des couleurs neutres pour plus facilement les assortir et de longueurs différentes afin de marier pantalon, jupe longue et minijupe.

Vous ne devez pas garder votre manteau en entrant dans une pièce, chez des gens, au restaurant, au bureau, pour un rendez-vous quelconque, c'est absolument indélicat. Votre interlocuteur comprendrait alors que vous êtes sur le point de repartir, que vous n'êtes pas bien chez lui ou encore que sa pièce n'est pas bien chauffée. Quelle que soit l'interprétation qui pourra en être faite, elle ne sera pas appréciée.

Lors d'un rendez-vous professionnel, vous ne devrez quitter votre manteau qu'après y avoir été invité par votre interlocuteur. Ce dernier doit vous montrer un endroit où le poser ; s'il ne le fait pas, vous pourrez le poser sur une chaise à côté de vous ou au dos de la chaise sur laquelle vous être assis.

Quand il y a un portemanteau, posez toujours votre manteau par l'épaulette du manteau (le haut de la manche au niveau de l'épaule) sur la boule du portemanteau ; faisant ainsi, vous vous épargnerez de récupérer votre manteau avec un pli au milieu des omoplates.

Mesdames, quand vous entrez dans un lieu public accompagnées de votre mari ou d'un ami dont vous êtes proche, laissez-les vous débarrasser de votre manteau et le donner au vestiaire. Cette délicatesse sera répétée envers les personnes âgées et les personnes handicapées, mais aussi les enfants. Femme ou homme peu importe, aidez les plus faibles, les plus petits et les plus âgés.

DÈS DEMAIN

Retirez votre manteau ! Trop de gens gardent leur manteau quelles que soient la situation ou la température, comme un signe d'insécurité ou d'inconfort. Faites ce plaisir à votre interlocuteur et à vous-même, en entrant quelque part où vous savez devoir rester, mettez-vous à l'aise, déposez votre manteau et ouvrez votre cœur.

TRANSFORMER LES GODILLOTS EN CHAUSSURES

Le petit creux sous le pied se dit *subtel* en latin ; j'ai toujours trouvé que cette courbe était esthétique et raffinée, c'est elle qui donne son origine au mot « soulier ». Ma grand-mère paternelle me disait quand j'étais petite fille : « Mets tes souliers et ton chandail pour aller dans le jardin. » Je ne suis pas sûre que ces termes soient encore très employés aujourd'hui. Mais si ce terme de « souliers », délicieusement désuet, est aujourd'hui plus communément remplacé par « chaussures », qu'en est-il du bon comportement avec ces dernières ?

Il m'est apparu comme une évidence de traiter ce sujet après un passage au tribunal de Beauvais. Alors qu'une charmante avocate étais venue saluer mon avocat, je la regardais parler, elle avait fière allure dans sa robe, avec son chignon et ses dossiers. Mes yeux sont descendus le long de sa silhouette et là, patatras ! Sous sa robe d'avocate, elle avait des chaussures de trek vert foncé, dotées de gros lacets de campeur rayés multicolores... Tout s'est effondré en une seconde.

Dans un autre genre, mon ancien associé me disait toujours quand je troquais mes chaussures plates pour mes talons hauts : « Te voilà devenue tour Eiffel, toi qui étais Arc-de-Triomphe »... Cette expression n'est pas la plus raffinée sur le sujet, j'en conviens, mais elle a le mérite de montrer l'importance accordée aux chaussures tout autant que l'univers qu'elles peuvent véhiculer et, avec lui, histoires et fantasmes.

Il ne fait aucun doute que de jolis escarpins rendent toujours la jambe plus légère, la silhouette plus fine, terminent le galbe du mollet et entraînent une démarche élégante ; au même titre que de belles chaussures cirées feront toujours meilleur effet que de vieux godillots troués ou des chaussures sales et abîmées.

Les chaussures... c'est tout un monde

D'abord, l'homme a toujours porté des chaussures et, comme souvent, du statut d'objet utile il est devenu accessoire de mode.

Dans l'Égypte ancienne, les hommes portaient des sandales pour ne pas se brûler les pieds avec le sable, il y a environ 3 000 ans avant J.-C., puis, au Moyen Âge, elles ont été fourrées avec de la paille pour se protéger du froid. Les modes ont évolué avec les années et les chaussures se sont faites de plus en plus chics. À la Renaissance, arrivant de Venise, les chopines sont les premières chaussures à talon portées par les femmes ; plateforme *shoes* de l'époque - les drag-queens n'ont rien inventé -, les semelles compensées pouvaient mesurer jusqu'à 60 cm de hauteur. Au XVIIe siècle, Louis XV assume les talons, qui sont portés alors par toute la noblesse et la Cour, hommes comme femmes. Plus tard, les femmes ont commencé à accumuler les chaussures pour des raisons d'élégance. Ainsi, certaines les collectionnaient, comme c'est encore le cas aujourd'hui, et si le nombre de paires de Paris Hilton peut faire tourner la tête, nul doute que les cinq cents paires de Marie-Antoinette pouvaient la faire tomber.

Cela dit, sans perdre la tête, il est amusant de retenir que nous sommes chanceux aujourd'hui d'avoir différentes pointures, ainsi qu'un pied droit et un pied gauche - sauf pour les Moon Boot® - car jusqu'en 1850, il fallait attendre que les chaussures neutres, sans distinction de côté, se fassent à chacun de nos pieds !

Si les chaussures sont certainement des accessoires essentiels de l'élégance, il convient néanmoins de s'interroger sur les bonnes façons de les porter, de les entretenir, de les enfiler, de les retirer, de les ranger..., et ce, que l'on vive en Europe ou ailleurs !

Alors, avant de poser quelques règles de bienséance qu'il conviendra de respecter de la tête aux pieds, je voudrais convier la liste des invités ci-dessous : avarcas, après-ski, babouches, babies ou Charles IX, ballerines, baskets, boots, bottes, bottes de pluie, bottines, charentaises, chaussures de bateau, claquettes, creepers, cuissardes, derbies, escarpins, espadrilles, mocassins, monks, mules, poulaines, pantoufles, pointes, richelieus, sabots, salomés, sandales, tatanes, tongs... Tout le monde est là ? Procédons.

Une des premières questions à laquelle il faut répondre quand on aborde les chaussures est de savoir s'il faut oui ou non les retirer quand on arrive chez les gens. Pourquoi faudrait-il le faire ? Pour des raisons d'hygiène ? de propreté ? de religion ? de confort ? Certainement pas pour des raisons d'esthétique... En ce qui me concerne, je trouve cela difficile, voire très difficile, d'arriver à dîner chez quelqu'un, alors que l'on a pris du temps pour choisir sa tenue, de devoir retirer ses chaussures pour rester en collants, perdre dix centimètres, ou pire... enfiler des chaussons disgracieux !

Mais d'où diable vient cette histoire d'enlever ses chaussures en arrivant chez les autres ?

Faut-il ou non retirer ses chaussures en arrivant chez quelqu'un ?

C'est dangereux ?

« *Dirt is good.* » J'adore cette phrase, qui est le titre du livre d'un professeur à la faculté de médecine de San Diego en Californie. « *Dirt is good* », puisque les bactéries sont partout et à vouloir toutes les éradiquer, on ne fait qu'y devenir plus sensible. Alors une première théorie voudrait qu'entrer chez les gens avec ses chaussures génère des risques de tomber malade. Sous nos chaussures, il y a des bactéries que l'on ramasse toute la journée partout où l'on marche, pléthore de bactéries même, mais contrairement aux idées reçues, la contamination du sol a très peu d'importance en matière de santé. À ce titre, le risque d'infecter quelqu'un ou de s'infecter à cause des bactéries présentes sur des chaussures avec lesquelles on serait entré dans un appartement est très, très faible, voire inexistant. Il n'y a ainsi jamais eu une seule infection pathogène à partir d'une bactérie transportée par une chaussure. En allant même plus loin, tous les micro-organismes transportés sous les chaussures sont complètement transformés à chaque nouvel environnement ; quand quelqu'un entre dans votre maison, qui est déjà pleine de vos propres microbes, le dessous de ses chaussures se charge des microbes qui composent votre espace. Il existe donc plusieurs raisons pour retirer ses chaussures en arrivant chez quelqu'un, mais l'hygiène n'en est pas vraiment une.

C'est sale ?

À la montagne, les chaussures de ski, les chaussures de marche ou les après-ski sont définitivement difficiles à garder à l'intérieur, d'abord parce que c'est peu pratique, dans un appartement, de marcher avec des Moon Boots®, mais surtout, parce qu'entre la neige, la terre, la glace ou les herbes, il est évident que c'est salissant. Il en est de même l'été, quand on revient de la plage et que les sandales sont encore pleines de sable, ou encore quand il a plu et que l'on arrive mouillé avec des bottes en caoutchouc. Dans ces contextes-là, il est beaucoup plus facile de comprendre que ne pas entrer chez soi ou chez les autres avec ses chaussures tient du bon sens et du savoir-vivre. Les paillassons sont quant à eux censés nous aider à nous essuyer les pieds avant d'entrer, donc nous empêcher de salir une moquette, un tapis, et d'altérer la propreté d'un intérieur coquet.

C'est culturel ?

Nous y voilà... Bienvenue au Japon, en Corée, bienvenue en Asie..., où l'on enlève ses chaussures en arrivant chez les gens, chez tout le monde, tout le temps, c'est ainsi. Devant chaque maison, il y a même ce petit vestibule, le *gekan*, où chacun peut enlever ses chaussures, prendre le temps de les ranger sur les étagères qui sont prévues pour cela et enfiler une paire de chaussons d'invités entreposés à cet effet au même endroit. En Turquie, c'est la même histoire. Pourquoi ? Historiquement, comme souvent, c'est rempli de bon sens : les Asiatiques, notamment les Turcs, mangent à même le sol et dorment très près du sol également, il est donc assez évident que s'allonger ou dîner là où les chaussures sont restées n'est pas forcément ce qu'il y a de plus agréable. La culture locale impose ainsi d'enlever ses chaussures ; au diable les escarpins et les jolies jupes, tout le monde en chaussons...

C'est religieux ?

Dans d'autres endroits de la Terre, certains temples ou autres monuments religieux ne sont pas accessibles chaussés. Les temples bouddhistes notamment ne peuvent être visités que pieds nus afin de protéger l'intérieur et son aspect sacré. Tout est question de pureté : dehors c'est impur, dedans c'est pur. On retrouve la même notion chez les musulmans, qui doivent eux aussi se déchausser avant de pénétrer dans la mosquée et de pouvoir commencer à prier ; il leur faut s'être débarrassés de leurs impuretés, et les chaussures en font partie. Certaines notions religieuses apportent ainsi un éclairage spirituel à cette action de se déchausser.

Finalement, la bonne attitude à adopter dépendra des us et coutumes de ses hôtes et de ses invités. Si vous recevez à dîner et qu'il n'est pas dans votre culture de faire retirer les chaussures, alors n'en faites rien ; si certains de vos invités se sentent plus à l'aise sans leurs chaussures, alors proposez-leur des chaussons. D'une façon ou d'une autre, il convient de s'adapter aux environnements et de rester souple, ce sera votre marque de politesse.

Quelques principes de politesses chaussées

Quant aux chaussures en tant que telles, voici quelques principes de bienséance à ne pas perdre de vue.

Préférez la qualité à la quantité

Les modes viennent et reviennent, aussi, achetez peu et de bonne qualité car il est presque évident que les chaussures redeviendront tendance et qu'elles resserviront, à condition qu'elles soient de bonne facture et bien entretenues. Pour ma part, j'ai pu – le peu de mois où je suis passée par la taille 36 de ma mère – profiter de certaines paires qui lui appartenaient dans les années 1970 et qui étaient redevenues à la mode.

Entretenez et prenez soin de vos chaussures

- Lisez les modes d'entretien et écoutez ce que vous disent les vendeurs, et si vous le pouvez, achetez les produits spécifiques qu'ils vous recommandent.
- Nettoyez vos chaussures toutes les deux semaines, l'extérieur bien sûr, mais ne négligez pas l'intérieur non plus, surtout lorsque vos pieds ont transpiré.
- Dans la mesure du possible, ne portez pas la même paire deux jours de suite.
- Délacez vos chaussures avant de les enlever et de les enfiler, cela vous permet de préserver la tige plus longtemps.
- Utilisez un chausse-pied afin de préserver le contrefort arrière et la forme de vos chaussures.
- Rangez vos chaussures avec un embauchoir pour préserver la forme, surtout quand ce sont des bottes, et n'oubliez pas que l'embauchoir permet aussi une meilleure aération. Sinon, vous pouvez toujours utiliser du papier journal.
- Rangez vos chaussures à plat, ne les superposez pas… comme les sacs !
- Entraînez-vous, Mesdames, à marcher avec des hauts talons et n'hésitez pas, quand vous arrivez sur des trottoirs avec des pavés ou des pentes un peu trop hasardeuses, à demander poliment l'aide d'un homme afin que son bras vous permette de franchir l'obstacle.
- Quand vous achetez vos chaussures, pliez les genoux, mettez-vous accroupi en appui sur la plante des pieds, testez votre confort.

- Les femmes aux chevilles déjà assez fortes devront éviter les salomés dont la bride est à la cheville, cela accentue cette caractéristique de leur physique plutôt que de servir leur silhouette.
- Le pantalon doit se casser sur la chaussure plate, à environ 1 cm, mais pas plus.
- Le pantalon peut être un peu plus court sur la boot afin qu'il laisse apprécier la joliesse de la chaussure.
- À chaque fois que l'on se lève, il convient de vérifier que son pantalon est toujours bien remis au-dessus de sa chaussure, principalement quand on porte des boots.

DÈS DEMAIN

Ou dès ce soir d'ailleurs : vous pouvez regarder votre placard et considérer vos chaussures autrement. Elles vous servent chaque jour, vous pouvez choisir une paire ou deux et commencer à en prendre soin, imaginez une jolie tenue avec, rendez-leur la politesse qu'elles vous offrent au quotidien.

MA PASSION POUR LES CHAUFFEURS DE TAXI

Ça m'a pris il y a bien longtemps, je dirais au tout début des années 2000, quand j'ai commencé à voyager, très souvent et un peu partout, avec mon premier travail chez Alain Ducasse. À l'époque, j'allais à New York très fréquemment et je prenais les *yellow cabs* avec une facilité déconcertante.

Je crois que ce qui m'a interpellée au début, c'est la diversité des chauffeurs et leur identité déclinée sur les cartes professionnelles toujours affichées devant le passager, sur le séparateur en plastique rigide. Je regardais le nom, je regardais le chauffeur et je commençais à me demander... « D'où tu viens ? C'est quoi ton histoire ? Pourquoi t'es là ? » Et puis rapidement, j'ai commencé à les interroger. Au début, c'était un jeu ; souvent, quand ils avaient des prénoms et des noms français, je demandais d'où ils venaient, du Sénégal, du Congo, et j'essayais ensuite de trouver les pays en fonction des expériences que j'avais vécues auparavant.

Les États-Unis sont le plus beau terrain pour ce jeu-là, le taxi se prend à la volée, plusieurs fois par jour, et la diversité des hommes qui font ce métier est certainement tout aussi grande que celle des pays qui couvrent notre Terre. J'ai l'impression d'avoir traversé toutes les mers avec ce jeu-là, des Africains, des Sikhs, mais aussi un chauffeur du Bhoutan avec qui j'avais parlé de son pays, et puis bien sûr, les Indiens, plus difficiles d'accès, car ils sont souvent au téléphone.

Ma meilleure rencontre ? À Los Angeles, un soir, j'ai conversé avec un homme syrien : « Comment êtes-vous arrivé là ? Quelle est votre histoire ?...» Croyez-le ou pas, il avait gagné sa *green card* à la loterie. C'était fou... J'ai trouvé cela génial, tellement inattendu. Quel bonheur d'avoir posé la question !

C'est ainsi que j'ai commencé à développer une réelle passion pour les chauffeurs de taxi, passion qui s'est ensuite étendue aux chauffeurs de VTC en général, morceaux de vie, échantillons de surprises.

Quelques règles que j'aime appliquer, basiques, parfois évidentes mais qui changent tout :

- je monte toujours du côté droit par rapport au chauffeur, il peut ainsi me voir et moi aussi – c'est très désagréable pour lui d'avoir quelqu'un complètement dans son dos ;
- quand je monte, je n'attends pas : « Bonjour, Monsieur. — Bonjour, Madame. — Comment allez-vous ? » Et tout de suite, c'est parti pour un tour ;
- quand nous discutons, il arrive que je reçoive un appel, j'interromps alors la conversation : « Je vous prie de bien vouloir m'excuser, Monsieur, je dois prendre cet appel » ;
- parfois, quand je monte dans le taxi, je dois passer des coups de fil, j'ai peu de temps, alors je le lui dis : « Bonjour, Monsieur, j'espère que vous allez bien. Je vous prie de bien vouloir m'excuser, mais je dois passer quelques coups de fil » ;
- et puis il m'arrive de ne pas avoir envie de parler, ou de vouloir me reposer, fermer les yeux en écoutant ma musique, alors je monte dans le taxi, je demande au chauffeur comment il va et je lui explique la situation : « Monsieur, je voulais vous informer que je suis fatiguée, je me permets de mettre mes écouteurs, d'écouter ma musique et de fermer les yeux le temps du trajet ; je vous fais confiance » ;
- au moment du départ, après avoir réglé, je laisse toujours un pourboire, même peu, mais le geste importe, et en quittant la voiture, avant de fermer la porte, je le regarde : « Merci de votre temps, Monsieur, à bientôt. »

Je crois que ce que j'aime le plus avec ces hommes et ces femmes, c'est le trajet, un petit voyage dans une bulle, comme un « rendez-vous imprévu » au cours duquel on peut toucher du bout du doigt des vies, des personnalités et des histoires. La curiosité offre toujours des surprises, essayez, vous ne serez pas déçu.

DÈS DEMAIN

Dès demain, montez du bon côté de la voiture si vous êtes seul et essayez la formule magique : « Bonjour, Monsieur, comment allez-vous aujourd'hui ? », et observez ce que ça donne. N'hésitez pas aussi à prévenir quand vous passez un coup de fil, de façon même subtile, vous verrez l'énergie de la voiture se transformer.

LES TRANSPORTS EN COMMUN

Je suis née et j'ai grandi à Paris, et j'ai toujours vécu dans le 10e arrondissement. De la maternelle au lycée, je faisais tout à pied, comme une enfant de quartier ; je ne prenais pas les transports en commun, sauf le samedi quand j'allais avec ma mère au Galeries Lafayette acheter des 45-tours, nous prenions le métro. Je me souviens d'elle achetant des tickets de première classe, la couleur des wagons était différente. En écrivant cette phrase, j'ai l'impression d'être d'un autre temps !

Puis je suis partie à l'École alsacienne dans le 6e et j'ai pris le métro, tous les matins à 7 h 20, de Strasbourg-Saint-Denis à Notre-Dame-des-Champs.

Le métro... Quelle merveille que ce grand serpent qui circule sous nos pieds, invisible et si utile.

Je ne peux aborder les transports en commun sans penser à Pascal, Blaise de son prénom, quand je m'apprête à m'engouffrer dans la bouche de métro. Je suis tellement amoureuse de Pascal, ce génie français. Ce grand homme auquel son père parlait une langue différente chaque jour.

Nous sommes au XVIIe siècle, Paris grouille, les troupeaux, la boue, c'est sale et ça pue. Pour se déplacer, les gens marchent, ou ils ont des cochers, mais c'est un luxe. Blaise pense alors à mettre en place un carrosse qui transporterait les gens d'un point à un autre. Il demande du soutien financier à ses amis le duc Artus Gouffier de Roannez et le marquis de Crenan afin que Louis XIV lui donne les autorisations. Ainsi, le 18 mars 1662, au départ de la porte Saint-Antoine, huit Parisiens peuvent monter dans un carrosse tiré par quatre chevaux pour traverser le quai de la Mégisserie, la rue Dauphine, le Pont-Neuf, la rue de Tournon et arriver enfin aux portes des jardins du Luxembourg. Ceux qui ratent celui-là monteront dans le suivant, il y en a toutes les sept minutes. Pour ce trajet, ils doivent payer cinq sous. Le carrosse à cinq sous est né et avec lui, le premier transport en commun public. Formidable, n'est-ce pas ? J'aime toujours m'interroger et chercher, je suis convaincue qu'en prenant le temps d'écouter et de comprendre, on gagne toujours plus de lucidité et une certaine vérité. Ainsi le carrosse à cinq sous est aujourd'hui le métro à 2,10 euros ; c'est un peu moins chevaleresque comme approche, à moins que l'on ne se donne la peine de repenser aux origines de ce transport et à la façon dont il convient de le considérer.

Le métro est le moyen de transport le plus efficace, le plus fiable et le moins coûteux de notre pays, il suffit de voyager un peu plus loin pour se rendre compte facilement de la chance que nous avons. Alors, nous devrions lui dire merci ou, tout au moins, lui apporter une certaine considération. C'est ce que je m'efforce de faire.

Aujourd'hui, je viens à Paris une fois par mois et à chaque fois, je prends le métro. Évidemment, en fonction des heures, c'est un moyen de transport plus ou moins confortable. Cela dit, c'est toujours au moins une chose : une photographie de la vie, des gens qui la traversent et des aspérités qui la composent. Il me semble que le métro vaut la peine d'être vu comme le reflet de notre société actuelle et un lieu de partage passionnant. Ne vous êtes-vous jamais étonné de ceci : nous partageons tous la même planète ? Cette sensation de me dire que nous sommes si différents, à des années-lumière les uns des autres, et pourtant, tous habitants du même endroit, m'a traversé l'esprit si souvent, dans plein d'endroits de la Terre. En Chine, en Corée, en Grèce aussi, au Mexique... Mais aussi en France, à Paris, dans le métro. Nous sommes là, assis ensemble, au même endroit, utilisant le même moyen de transport, partageant une certaine intimité le temps d'un trajet, sans avoir rien en commun.

Alors, pour rendre les trajets de métro ou de bus plus agréables, je pare mon esprit de ses plus curieuses accroches et je m'engouffre ainsi prête dans les bouches béantes et ouvertes du ventre de Paris.

Arrivée dans la rame, je regarde tout autour de moi et je commence mon activité.

Je commence toujours par observer qui lit et qui regarde son téléphone, qui discute avec son voisin, qui parle seul... Les excentriques ou les classiques... Vous serez surpris de voir qu'il y a presque toujours environ 40 % de vos voisins de rame qui lisent, 10 % qui ne font rien et le reste qui a les yeux sur son téléphone.

Ce premier passage en revue effectué, allez un peu plus loin et observez ; ouvrez les portes de votre imagination. Je vous aide. J'adore particulièrement penser que tout à coup, la rame de métro s'arrête, qu'il se passe quelque chose et que nous devons nous entraider. Je regarde les gens sous cet angle et je me pose plein de questions : « Le grand costaud là-bas, qui regarde des vidéos sur son téléphone, sera-t-il aussi courageux que son physique le fait supposer ? Et le couple de personnes âgées, comment les mettre en sécurité rapidement ? » Cet exercice m'offre toujours la possibilité de voir les habitants de ma rame sous d'autres aspects et d'imaginer un peu mieux qui ils sont. Je me demande aussi quels seraient mes alliés, avec lesquels nous pourrions discuter, lesquels perdraient leur sang-froid, ceux qui pleureraient et ceux qui consoleraient. Une rame de métro est comme une cour de récréation de maternelle, il y a déjà de tout ce qui compose la vie et c'est bien cette multiplicité qui en fait sa richesse.

Une fois l'exercice de l'urgence passé, je me demande plus simplement qui ils sont et ce qu'ils font : vont-ils travailler ? Vont-ils rendre visite à quelqu'un ? Ceux qui ont leur valise, partent-ils ou arrivent-ils ? Aiment-ils leur livre ? Sont-ils parents ? Sont-ils tombés amoureux hier soir ? Demain ? Je trouve cela tellement délicieux de regarder les gens sous un angle ouvert, avec une curiosité douce qui permet ainsi de les voir, de les rendre vivants, de les incarner dans cet espace partagé le temps d'un trajet car, finalement, cela permet de les considérer.

Et c'est bien là tout le sens de mon propos, la considération, qui manque tant aujourd'hui dans le métro et les transports en commun en général. Considérer que la personne à côté de vous est aussi un habitant de la Terre, un voisin de la rame et que pendant quelques minutes, vous serez ensemble et partagerez un petit chemin de vie. Alors, comme vous le feriez en entrant dans une boutique, j'aime dire bonjour en pénétrant dans la rame de métro ou dans le bus.

Vous verrez que quand vous essaierez, certaines personnes vous répondront, d'autres vous feront un sourire, mais le trajet sera différent car par le biais de votre voix, vous avez reconnecté les gens autour de vous, vous avez considéré vos voisins avec bienveillance et respect. D'ailleurs, je ne dis pas : « Bonjour, Mesdames, bonjour, Messieurs », mais juste « Bonjour » ; moins élégant qu'il ne le faudrait, certes, mais j'estime que le « bonjour » général et vaste suffit à l'ambiance du transport en commun.

Ensuite, regardez où vous mettre et réfléchissez en fonction de votre destination. C'est du bon sens, évidemment, mais si vous avez dix arrêts, alors vous pourrez vous mettre loin de la porte, si vous descendez à l'arrêt suivant, restez dans les parages.

Avant d'entrer dans la rame, retirez votre sac à dos ; c'est déjà désagréable d'être face à un dos, mais alors face à un sac à dos... Et puis vous pouvez bousculer ou heurter quelqu'un. Sac à dos à terre, sac à main sous le bras, valise aux pieds, parapluie fermé, chien ou chat dans son sac, en pénétrant dans la rame, tout doit être à sa place. En fonction de la densité du voisinage, asseyez-vous, mais veillez à vérifier la montée en puissance du nombre de personnes afin de pouvoir vous lever de votre strapontin au moment opportun.

Quand le métro s'arrête, que vous êtes proche de la porte mais que ce n'est pas votre arrêt, descendez tout de même. Oui, oui et encore oui. Il convient de descendre afin de laisser les autres personnes sortir en priorité. Les personnes qui doivent descendre sont prioritaires sur celles qui doivent monter. Parfois même, quand la rame est bondée, que je suis près de la porte et que personne ne l'ouvre, je demande à voix haute : « Est-ce que quelqu'un descend ? » Cela permet de savoir si je dois agir, ouvrir la porte, mais aussi de sensibiliser les personnes aux alentours. Ou, dans l'autre sens : « La porte, s'il vous plaît », quand vous n'avez pas réussi à vous rapprocher avant...

J'aime à le rappeler, mais il faudra aussi faire attention aux femmes enceintes, aider les personnes âgées, porter les poussettes ou les valises de ceux qui pourraient en avoir besoin pour monter ou descendre de la rame, mais aussi si l'escalator est en panne et qu'il ne reste que les centaines de marches à gravir devant vous. Il conviendra aussi de dire « Au revoir » quand vous quittez la rame, puis de tenir la porte en sortant du métro. Tenir vraiment la porte, mais sur ce geste-là, j'en dirai plus.

Je finirai mon chapitre par la mendicité dans le métro.

Il y en a beaucoup, et même de plus en plus. Parfois vous donnerez, parce que vous le pourrez financièrement, ou parce que vous en aurez le temps, ou parce que vous voudrez montrer à votre enfant qu'il faut le faire. Parfois vous ne donnerez pas, parce que ce n'est pas opportun, pas d'espèces, pas le temps, pas l'humeur... Dans ces moments-là, je vous propose d'offrir un sourire. Les personnes qui mendient ne le font jamais par plaisir... Alors parce qu'ils sont là par nécessité et contre leur bon plaisir, il ne faut pas les voir comme des fantômes, il ne faut pas faire comme s'ils n'existaient pas. Quand on ne donne pas une pièce, ce n'est pas grave, mais quand il s'agit d'un regard ou d'un sourire, c'est plus grave. Essayez, vous verrez, c'est magique, n'ayez pas peur. Regardez la personne qui mendie dans les yeux, ça ne vous fera pas devenir mendiant pour autant ; écoutez l'instrument qu'elle joue, ne passez pas devant elle en l'ignorant, considérez-la, faites-lui un sourire et dites-lui : « Belle journée à vous. » Ça lui donnera autant de joie que si vous lui aviez donné une pièce. Je vous le garantis.

La reconnaissance et la considération que vous pourrez porter aux gens qui croisent votre route, qu'ils soient mendiants dans la rue ou dans le métro, valent tout autant que des pièces déposées dans un panier.

DÈS DEMAIN

Dès demain dans le métro, tenez une porte, même un peu longtemps si vous avez le temps, vous verrez la reconnaissance sur le visage de celui à qui vous rendez service. Montez dans la rame de métro, regardez quelqu'un et faites-lui un sourire, même léger, c'est un début. Dans les jours à venir, si vous vous sentez à l'aise, tentez un bonjour… Le reste devrait suivre.

COMMENT NE PLUS AVOIR PEUR DES VENDEURS DANS LES BOUTIQUES

J'étais au Printemps Haussmann à Paris, j'avais une heure creuse entre deux rendez-vous et j'avais pris le temps d'aller me balader à l'étage dédié à la mode, ce qui ne m'arrive plus jamais... Je regardais les habits chez Max Mara et une charmante vendeuse est arrivée derrière moi : « Est-ce que je peux vous renseigner ? ». J'ai répondu : « Non, c'est gentil, je regarde. » J'ai pensé alors à quel point le client pouvait être une proie vulnérable quand il entrait dans une boutique. En effet, à chaque fois, le scénario peut être différent et souvent, quand on ne sait pas bien comment ou quoi répondre, on peut se laisser faire, parfois trop, et il peut même arriver que l'on sorte d'un magasin avec un pull que l'on n'aurait jamais acheté si la boutique avait été vierge de tout vendeur.

Ainsi, quels sont les bons comportements à adopter quand on fait du shopping ? Comment appréhender l'arrivée du vendeur ou de la vendeuse et comment ne pas se laisser influencer afin de rester fidèle à ses envies ?

Dans un premier temps, il faut impérativement savoir ce que l'on cherche... ou pas, afin d'adapter son discours et d'être en cohérence avec soi-même.

J'ai ainsi classé les visites dans les magasins en trois catégories :

- la visite comme destination ;

- la déambulation hasardeuse ;
- le coup de foudre.

La visite comme destination est claire, c'est un jour dédié au shopping, seul ou accompagné, pour soi ou pour les autres, pour un cadeau ou pour le plaisir ; il y a un objectif clair, des cibles identifiées et pourquoi pas, même, un budget dédié.

Le bon comportement avec le vendeur : en entrant dans la boutique, il faut inverser le rapport de force, c'est vous qui allez vers le vendeur avec une bonne définition de ce que vous voulez et c'est au vendeur de pouvoir vous apporter des réponses. Dans ces cas-là, les risques sont clairement de succomber à l'à-peu-près, il vous faudra être rigoureux pour ne pas acheter une couleur beige alors que vous aviez prévu du marron, sous prétexte qu'il n'y a que ça. Pour vous aider, n'hésitez pas à adopter une phrase déterminée et précise : « Bonjour, je cherche un pull, exactement comme ça... », ainsi vous pourrez plus facilement décliner si la réponse n'est pas adéquate.

La déambulation hasardeuse est plus difficile à anticiper car, par définition, elle nous surprend. Elle arrive au détour d'un rendez-vous manqué, d'une arrivée en avance et, souvent, cette visite ne doit pas déboucher sur un achat.

Le bon comportement avec le vendeur : alors ici, la précision dans votre phrase vous aidera à être en cohérence avec vos objectifs : « Bonjour, Monsieur, j'ai quelques minutes d'avance à un rendez-vous et j'en profite pour regarder vos pantalons, mais je n'ai pas l'intention d'acheter. » Dite avec gentillesse et politesse, cette phrase vous permettra de bien expliquer vos intentions et vous permettra de passer dans cette boutique l'expérience exacte que vous aviez prévue : passer du temps.

Le coup de foudre, plus soudain, inattendu, il est virulent, il peut parfois être dangereux. En passant devant une boutique, c'est une envie irrésistible d'acheter une pièce, vous ne pouvez pas vous en empêcher, vous entrez, sous le charme...

Le bon comportement avec le vendeur : évidemment, il est plus difficile de parler d'un comportement rationnel quand ce qui pousse la venue est inattendu. La bonne entrée en la matière ici permettra de désamorcer une suite hasardeuse : « Bonjour, Madame, je suis entrée parce que j'ai eu un coup de foudre pour cette chemise, mais je ne sais pas combien elle coûte, pouvez-vous me renseigner ? » Vous devriez ainsi pouvoir vous faire plaisir ou partir en souriant !

DÈS DEMAIN

D'une façon générale, passer par la vérité est toujours le meilleur moyen de communiquer avec un vendeur dans un magasin. Des phrases que l'on a souvent peur de prononcer sont pourtant synonymes de liberté : « Malheureusement, je le regrette, mais c'est trop cher pour moi » ; « C'est ravissant, mais je n'aime pas la couleur » ; « J'aurais adoré essayer mais je n'ai pas le temps » ; « Ce n'est pas exactement ce que j'ai en tête, je vous remercie pour vos bons conseils. » La prochaine fois que vous entrez dans une boutique, avec politesse, dites vos intentions, vous verrez que la relation sera plus douce.

LE MONDE DE LA BELLE-MÈRE

Voilà un thème qui pourrait être abyssal... La belle-mère. D'abord parce que le concept même de belle-mère est polymorphe, ensuite parce qu'il y a tant à dire sur les belles-mères. Sans plonger dans une quelconque étymologie, je m'amuserai seulement à rappeler ici que « belle-mère », en botanique, est le surnom donné au cactus en raison de ses nombreuses épines... Mais, à l'instar de la plante grasse, il est possible, en caressant tout doucement les épines et dans le sens qui convient, de ne pas se piquer !

Belle-mère, piques-tu toujours ?

La belle-mère comme nouvelle femme de son père

J'ai eu cette chance, je n'ai pas connu de belle-mère, mes parents étant toujours mariés et ma mère étant toujours en vie. Que ce soit par la mort ou par la fin de l'amour, la belle-mère arrive un jour dans la vie des enfants, pièce rapportée, évidemment, avec son passé et son histoire, parfois ses enfants aussi, parfois pour longtemps, parfois une puis deux puis trois, puis encore, parfois elle a l'âge normal d'une maman, parfois elle a plutôt l'âge d'une copine... Aujourd'hui, la règle est qu'il n'y en a plus... Les familles traditionnelles n'ont qu'à bien se tenir.

Voici quelques règles de bonne éducation quand on devient belle-mère. Quels que soient l'âge ou la situation, ces bienséances devraient gouverner toute nouvelle relation familiale.

Observer

Dans des schémas familiaux qui peuvent aujourd'hui devenir complexes, observer est souvent le chemin le plus salvateur qui soit. Regarder attentivement les us et coutumes de la famille, les façons de faire, apprendre pour tout doucement se fondre dans le paysage. À l'image des comportements adéquats quand on va dans un nouveau pays, il convient d'observer et d'adopter les manières de vivre et les habitudes des familles afin de faciliter son adaptation.

Rester à sa place

Évidemment, c'est crucial, primordial et fondamental. Donner de l'amour, respecter l'autre femme, qu'elle soit morte ou vivante, ne pas vouloir prendre sa place et pourtant, prendre la sienne. Gentiment. Pour ce faire, la façon la plus simple d'agir est de parler et demander tout simplement le niveau d'implication qui semble le plus adéquat : « Veux-tu que je t'aide ? » « Est-ce que tu souhaites me parler ? » « Je suis là si tu as besoin » sont autant de phrases qui pourront aider à être là, présente, tout en ne franchissant pas des limites qui pourront parfois être invisibles.

Accompagner le père

Il est très fréquent que la belle-mère exprime de la jalousie, de la colère ou un rapport de force avec les filles du père. Ces émotions sont déplacées et ne doivent en aucun cas perturber le bon fonctionnement de la famille. Ainsi, lorsque l'enfant exige, le père décide. La belle-mère pourra donner son avis en privé à son compagnon, mais ne doit certainement pas interférer dans la relation père-fille ou père-fils. Au contraire, la politesse voudra que la belle-mère sache se placer en retrait, en discrétion et sache même parfois promouvoir des moments privilégiés entre son nouveau mari et ses enfants.

La belle-mère comme mère de son mari

Afin de préserver de bonnes relations, les politesses de comportement dans les deux sens, de la belle-mère à la belle-fille et de la belle-fille à la belle-mère, doivent être de mise si l'on veut pouvoir chaque année fêter Noël ensemble.

La politesse de la belle-fille à la belle-mère

Cela va mieux en le disant, mais la relation qui unit un fils et sa mère est toujours une relation d'amour particulière ; chaque garçon, à un moment donné de son enfance, a voulu épouser sa maman, mais, comme il est dit dans *Peau d'Âne* : « Mon enfant, on n'épouse jamais ses parents », ce rêve ne se réalise pas. Voire pire, ce garçon épouse une autre femme. Elle n'a qu'à bien se tenir. En devenant la femme d'un fils devenu homme, il y a beaucoup de choses avec lesquelles il convient de composer.

Si votre belle-mère est du genre envahissant, alors il faudra, avec délicatesse, poser les limites de votre vie de couple puis de votre vie de famille, en expliquant avec grande politesse mais extrême fermeté qu'il y a désormais un périmètre qui s'est construit à l'intérieur duquel elle sera la bienvenue quand elle y sera invitée, mais à l'extérieur duquel elle se devra de rester lorsque cela n'aura pas été le cas.

Si votre belle-mère est du genre absente parce que votre mari l'a littéralement sortie de sa vie, alors il faudra l'accompagner avec délicatesse et la tenir informée, quand cela vous semblera opportun, des moments clés de votre vie, l'inviter à déjeuner ou à dîner parfois, bref, vous en occuper, un peu.

Quel que soit le genre de votre belle-mère, vous veillerez toujours à ne jamais vous plaindre de votre mari auprès d'elle, vous avez vos amies pour cela. En effet, il sera vraisemblable que ce soit mal à propos et encore plus vraisemblable qu'un jour, cela vous retombe dessus.

La politesse de la belle-mère à la belle-fille

Mesdames, c'est chose faite, votre fils a choisi une femme, parce qu'elle est belle à ses yeux, parce qu'elle est drôle, à son goût, parce qu'elle le rend heureux. La plus grande des politesses qu'une mère puisse faire à son fils est de le soutenir dans ses choix, y compris celui de sa femme. À ce titre, il conviendra de ne pas dire du mal de votre belle-fille à votre fils, de ne pas non plus commenter sa façon d'élever ses enfants - sauf à ce qu'elle vous demande conseil ou avis -, de ne pas intervenir dans leur vie de couple et de les soutenir émotionnellement et financièrement.

Au prix de ces bons comportements, distances et autres politesses, les relations avec les belles-mères, quelles qu'elles soient, devraient s'en trouver apaisées pour le moins, au beau fixe tout au mieux.

DÈS DEMAIN

Dès demain, si votre belle-mère se plaint au téléphone, ayez la politesse de l'écouter et plutôt que de lui proposer des solutions, demandez-lui simplement si vous pouvez faire quelque chose pour elle.
Dès demain, si votre belle-fille vous parle d'une difficulté avec son mari, votre fils, proposez-lui de l'aide, qu'elle soit financière ou engageant votre temps, proposez de garder vos petits-enfants un week-end afin qu'ils partent en amoureux, soyez présente, juste ce qu'il faut. Ni trop, ni pas assez.

LA POLITESSE DE LA VÉRITÉ

La vérité... Ça ressemble un peu à un marronnier du *Point*, entre la couverture des grandes écoles, celle consacrée à la franc-maçonnerie, celle des hôpitaux ou encore celle sur les grandes fortunes de France...

Faut-il dire la vérité ? Doit-on cacher la vérité aux enfants ? Toute vérité est-elle bonne à dire ? Est-ce que l'aveu de la vérité vaut vraiment demi-pardon ?

Certains pourront dire qu'il n'y a pas qu'une seule vérité, que chacun voit midi à sa porte et qu'il y a autant de vérités que de personnalités. Mais alors, si tel est le cas, qu'en est-il de la réalité ? Peut-il y avoir plusieurs réalités ? La vérité n'est-elle pourtant pas le juste et simple reflet de la réalité ? Et s'il en est ainsi, alors ne devrions-nous pas lui adresser nos plus grandes politesses, remplies de lucidité ?

Platon distinguait le monde sensible, accessible par les sens et sujet aux illusions, du monde intelligible, accessible uniquement par l'intelligence. Selon lui, l'éducation philosophique était le seul moyen d'accéder à la vérité, s'éloignant alors des illusions des sens.

J'aime cette idée que, vidés de nos émotions comme le suggère Platon, une seule image claire et distincte de la réalité s'impose comme la vérité. Cela implique que les émotions sont telles qu'elles troublent les perceptions et qu'il n'est possible d'accéder à une « vérité réalité » qu'à travers un monde décorrélé des sens. Aussi séduisante soit-elle, cette idée n'est-elle pas un peu contrariante ?

Probablement. Ainsi, cette conviction permet de considérer que la vérité est le juste reflet de la réalité, qu'il n'y en a qu'une, à laquelle on accède en s'éloignant de ses émotions et que cette dernière est certainement celle qui devrait s'imposer à nous et à tous.

Mais comment cela est-il possible ? Comment « dire la vérité » – celle qui exprime la réalité des choses – pourrait-il devenir une façon de s'exprimer ? N'est-ce pas forcément vexant ? Obligatoirement troublant ? Pas toujours agréable à entendre ?

Et c'est là qu'entre en jeu la politesse, car avec la douceur et la prévenance, la vérité que j'appelle « policée », reflet de la réalité, pourrait bien devenir agréable à entendre... la plupart du temps.

Quand je travaillais encore chez Alain Ducasse, je m'arrangeais avec la vérité, je ne mentais pas, mais je ne disais pas toujours la réalité des choses pensant préserver, ne pas blesser et faire plus facilement passer des messages, sans qu'il n'y ait aucune conséquence.

Il est très facile de vivre comme ça, ce n'est pas grand-chose : on écrit « je suis en route », alors que l'on entre sous la douche ; on écrit « j'ai dix minutes de retard » alors que l'on vient de partir de la maison ; on écrit « il y a un embouteillage monstre » plutôt que de dire que l'on a préféré rester sous la couette quinze minutes de plus... Il est tant aisé de s'arranger avec la réalité...

Mais un jour, au détour de deux ou trois arrangements, je me suis retrouvée piégée et la situation a été très inconfortable, sans aucun doute beaucoup plus inconfortable que si j'avais verbalisé la vérité auparavant.

Ce jour-là, je devais avoir 22 ans, assise à mon bureau, je me suis juré de ne plus jamais mentir et de toujours dire la vérité, toujours, à tout le monde, pour tout et tout le temps. Je crois qu'au début c'était comme un pari que je me lançais, puis c'est devenu un jeu, et enfin une habitude, avant de devenir un de mes piliers fondateurs, une réelle façon de vivre ma vie.

À partir de ce jour-là, j'ai appris, doucement mais sûrement, à dire la vérité sans blesser, à expliquer la réalité sans vexer, à tourner avec délicatesse ce que je pensais vraiment afin de ne plus mentir et ne pas me fâcher, j'ai créé ce que j'appelle « la politesse de la vérité » ou « la vérité policée ».

À force de pratique, c'est devenu un jeu. Ainsi, quand je vois que je vais être en retard à un rendez-vous, je m'amuse à donner un horaire très précis d'arrivée et j'adresse un message disant, par exemple : « Je vais avoir 7 minutes de retard, je serai là à 16 h 37. » C'est amusant, pour vous, pour les autres, ça allège votre retard et ça vous permet de développer la finesse du temps.

Je vous entends déjà imaginer que c'est impossible, qu'il y a bien des moments où je mens. Où je ne peux pas dire les choses. Alors je vous répondrais que si, jusqu'à maintenant, je n'ai pas eu à me cacher ni à mentir, il m'arrive parfois de dire que je refuse de répondre... Voilà ma façon à moi de ne pas mentir tout en disant la vérité.

Évidemment, des situations concrètes seront plus parlantes. De la situation banale à la situation compliquée, voici quelques exemples.

Être invité à un dîner auquel on ne veut pas aller

Ce n'est pas que je ne peux pas, mais je suis fatiguée, j'ai envie de rester seul chez moi, ou en famille, je préfère dîner en amoureux ou, encore pire, je suis fâché avec un des invités et je ne veux pas le voir. Quelle que soit la raison, ce sera la bonne raison. Oui. Je le répète et j'assume, quelle que soit la raison, ce sera la bonne raison, car il vous suffit alors de dire la vérité avec politesse. Vous appelez l'ami qui vous a invité et vous lui dites très simplement : « Je te remercie de ton invitation à dîner, mais tu sais, j'ai travaillé dur ces derniers jours et je suis fatigué, je préfère rester me reposer à la maison, une prochaine fois, ce sera avec plaisir », ou encore : « Merci mille fois de ta gentillesse et de ton invitation, mais mon mari était en voyage pendant une semaine, il rentre le jour de ton dîner et nous avons prévu de rester en amoureux pour profiter l'un de l'autre. »

Mon propos ici est fondamental, il est beaucoup plus facile évidemment d'appeler au dernier moment et de dire : « Mon fils est malade et je ne pourrai pas venir… » ou encore d'envoyer un sms et d'écrire : « Bloquée au bureau… *next time.* » Ce qu'il faut bien comprendre ici, c'est que ces petits mensonges, qui ne font de mal à personne, j'en conviens, vous obligent et avec le temps, vous dominent. Dire la vérité avec politesse est toujours plus confortable et génère beaucoup plus de sérénité intellectuelle à l'instant et à l'avenir. Parce qu'il ne faut pas l'oublier, un petit mensonge a toujours des conséquences. Comment gérer quand, quelques jours plus tard, votre ami vous appelle pour prendre des nouvelles de votre fils ? Va-t-il mieux ? N'est-il plus malade ? Il vous faudra alors mentir à nouveau et plus profondément, la spirale est enclenchée. Pour vous convaincre encore, je vous invite à vous laisser surprendre par la réaction de vos amis auxquels vous direz exactement ce que vous avez sur le cœur, car neuf fois sur dix, voire dix fois sur dix, vous avez en face de vous de l'écoute, de la compréhension et de la gentillesse.

Aborder la vérité avec les enfants

À partir de quel âge peut-on leur parler de certaines choses ? Peuvent-ils entendre que leurs parents ne sont pas d'accord ? Peuvent-ils comprendre la sexualité alors qu'ils sont encore de jeunes enfants ? Ici aussi, je vous répondrai : « Eh bien pourquoi pas ? » Il y a encore peu, mon fils de 5 ans me demandait comment il était arrivé dans mon ventre. Je lui ai alors répondu, tout simplement, que le papa et la maman peuvent faire des bébés parce que le zizi du papa peut donner des spermatozoïdes à la zézette de la maman et qu'à une certaine période, la maman peut tomber enceinte et ainsi créer un bébé dans son ventre. Il m'écoutait avec beaucoup d'attention. Ma réponse lui a donné l'occasion d'enchaîner sur de nombreuses questions auxquelles j'ai encore répondu avec gentillesse et vérité. Les cycles menstruels, le sperme, la puberté… Au bout d'un moment, il s'est arrêté de poser des questions, peut-être avait-il eu trop d'informations ? Peut-être avait-il atteint son quota de capacité de compréhension ? Mais au moins, je remplissais mon rôle de parent, celui qui consiste à l'instruire et à l'aider à grandir dans un monde où la vérité est un important pilier.

Parfois, c'est certain, les enfants veulent savoir des choses qui ne les concernent pas, ou que l'on peut juger comme n'étant pas de leur âge. Je laisse à chacun l'opportunité de décider le bon moment pour parler de telle ou telle chose. Dans ces cas concrets qui relèvent de l'éducation de chacun, alors, préférez répondre : « Je ne souhaite pas t'expliquer parce que je pense que tu es encore trop jeune pour comprendre », ou encore : « Je préfère ne pas te répondre car il me semble que la vérité serait un peu difficile à t'expliquer », ainsi, vous serez en position de force, vous n'aurez pas menti, mais vous aurez préservé votre enfant, le temps des quelques années d'insouciance qui lui sont dues.

Ne pas vouloir répondre à une question

Les exemples sont pléthoriques et c'est ici que s'illustre tout mon point, qui consiste à préférer le silence au mensonge. Ainsi, votre meilleure amie vient d'acheter une robe qu'elle trouve splendide, vous trouvez que cette dernière est vraiment vilaine, comment faire ? Si elle vous demande : « Ma robe te plaît ? », vous répondrez simplement : « Elle n'est pas à mon goût mais on voit qu'elle te plaît beaucoup, ce qui te rend très jolie. » Plus compliqué, la robe est jolie mais vous trouvez qu'elle ne la met pas en valeur, alors vous pourrez répondre : « Cette robe est vraiment très jolie », sans vous attarder sur la façon dont elle est portée, et si vous souhaitez aller plus loin, vous pourrez ajouter : « Peut-être pourrais-tu la porter blousée, ou avec un joli petit châle par-dessus ? »

Avec finesse, il y a toujours moyen de s'en sortir, sans être mielleux, sans mentir, en étant agréable, attentionné et en ne disant que la vérité.

Le cas particulier des vérités simples à dire mais insupportables à entendre

Il y a évidemment la grande question qui fâche et à laquelle tout le monde pense : « Et si je trompe mon mari, comment faire sans lui mentir ? » Parce que c'est très facile de dire la vérité, mais parfois probablement insoutenable de l'entendre. Faut-il alors se décharger sur l'autre d'une vérité lourde à porter ou considérer qu'il faut l'assumer seul ? Mon père me disait, alors que j'étais adolescente et que je lui avais posé la question de l'adultère : « Même si un jour tu te fais surprendre au lit avec ton amant, n'avoue jamais, la tête sur le billot, n'avoue jamais. » Ça me faisait sourire, ça me fait toujours le même effet d'ailleurs d'imaginer cette scène de film : « Non, non, ce n'est pas ce que tu crois... » alors que vous êtes sous la couette avec un autre. Bien sûr, ici la ligne de flottaison devient plus ténue, mais il y a une façon de faire et une manière de répondre. La façon de faire sera évidemment la plus discrète et la plus secrète possible. J'aime cette idée qui consiste à dire qu'un secret partagé à une seule personne n'est déjà plus un secret. Si un jour votre mari devait vous poser la question qui pourrait fâcher, alors vous pourrez avec un sourire lui répondre : « Si tu ne veux pas savoir la vérité, je préfère que tu ne me poses pas de question, je n'aurai pas à te mentir. » Car, d'une façon générale, votre mari n'est pas votre confident et lui ouvrir votre cœur sur l'oreiller en lui avouant que vous avez eu un amant ne sera jamais, lisez-moi bien, jamais, une bonne idée, et à ce jeu-là, tant que vous ne dites rien, vous ne mentez pas...

DÈS DEMAIN

Dès demain, la façon la plus simple de commencer à dire la vérité est celle qui consiste à communiquer de la manière la plus transparente et la plus délicate possible. Ainsi, essayez, dès la prochaine invitation à dîner à laquelle vous ne voulez pas vous rendre, de justifier votre absence par la vérité, dite avec grande politesse et sincère élégance... Je suis presque certaine que cela vous encouragera à mettre plus de vérité dans votre quotidien.

DE L'ART DU MENSONGE

Je sais d'ores et déjà que mon regard porté sur la politesse de la vérité ne va pas emporter l'unanimité - c'est le cas dans mon quotidien avec mes amis - et que nombreux parmi vous considéreront que cette position est folle à tenir. Alors, il conviendra de continuer à mentir, pour plein de bonnes et de mauvaises raisons. Mais si mentir il faut, c'est alors avec élégance.

Ainsi, force est de constater que de tout temps, le mensonge reflète une compréhension nuancée du rôle de la vérité dans la communication humaine. En effet, même si le mensonge est généralement perçu comme immoral, il existe des situations où chacun pourra considérer que révéler une vérité peut être inopportun ou nuisible. Cela suggère un équilibre délicat entre l'honnêteté, la vérité, la réalité et la considération des conséquences potentielles de nos paroles sur les autres. À ce titre, l'expression « toutes les vérités ne sont pas bonnes à dire » met en lumière une réflexion sur la manière dont on doit manier la vérité dans les interactions sociales. Elle suggère qu'il n'est pas toujours approprié ou bénéfique de révéler une vérité, en particulier si cela peut causer du tort ou de l'inconfort à autrui. Cette idée repose sur le principe que parfois, omettre certaines vérités ou choisir de ne pas les révéler peut être plus prudent ou plus bienveillant. Nous ne mentirions alors qu'à ceux que nous aimons ?

Mentir, pourquoi ? Pour ne pas vexer et se faire mal voir, pour ne pas déplaire, par vanité, pour se montrer plus habile que l'on est, pour se montrer plus riche que son voisin, pour enjoliver des histoires et faire mieux rêver son public, ou par paresse, pour ne pas expliquer tout ce qui s'est passé, afin de ne pas sombrer dans des justifications alambiquées...

Mentir peut devenir un mode de vie, une culture générale et une façon de grandir en société, mais mentir tout le temps et pour tout finit toujours mal.

Alors cette réflexion sur la vérité et le mensonge soulève des questions importantes sur notre responsabilité envers les autres lorsqu'il s'agit de partager des informations. Elle invite à la prise de conscience que, parfois, la vérité doit être administrée avec précaution et discernement pour éviter des dommages inutiles. Cela ne signifie pas encourager le mensonge, mais plutôt reconnaître que la complexité des relations humaines nécessite parfois un certain degré de tact et de prudence dans la communication. Je vous laisse ainsi juge de pratiquer votre propre art du mensonge.

DÈS DEMAIN

Il n'y aura pas de demain, car je ne recommande pas le mensonge, vous l'aurez compris.

L'ART DE VOYAGER

Le voyage… Le monde est un livre et ceux qui ne voyagent pas n'en lisent qu'une seule page… Saint Augustin avant moi le pensait déjà, les voyages forment la jeunesse. Devenir un citoyen du monde, ne pas craindre l'étranger est une force extraordinaire. Quand j'étais petite fille, je me fantasmais femme d'affaires internationale, je ne savais pas trop ce que cela pouvait bien vouloir dire, mais peu importait, je me voyais *business woman*, je trouvais cela formidable. Je crois pouvoir dire que je le suis devenue et que je l'ai été pendant presque deux décennies.

J'ai commencé à voyager très tôt, à l'époque d'Alain Ducasse quand j'étais encore salariée. J'avais trouvé auprès d'Air France un billet - qui n'existe plus aujourd'hui - permettant, pour 5 000 euros, de voyager en classe affaires et de faire le tour du monde à condition de toujours tourner dans le même sens, de ne voyager que sur des compagnies membres de Skyteam et de faire au moins trois stops. J'avais vendu ce ticket à mon patron et je partais ainsi, la fleur au fusil et les valises remplies d'espoir, commercialiser des restaurants et des cours de cuisine à travers la planète. Je partais de Paris et m'arrêtais généralement à Moscou en premier lieu, puis allais aux Émirats, puis en Asie, aux États-Unis en faisant le vol de Séoul à Los Angeles, puis je filais vers l'Amérique du Sud et rentrais par l'avion de Rio à Paris. Ainsi, en l'espace de dix petits jours, j'avais rendu visite à mes clients, à des prospects, et je revenais souvent les valises pleines de nouveau contrats. J'étais seule et j'adorais ça.

Je devais avoir 22 ou 23 ans quand j'ai commencé ma vie de globe-trotter et pendant près de vingt ans, j'ai vécu de la sorte, prenant l'avion tous les quinze jours, parcourant la Terre et ses merveilles.

Se déplacer de façon si fréquente impose d'apprendre à voyager pour finalement savoir voyager, faire preuve d'agilité et de praticité afin de pouvoir affronter les dîners chics, les soirées *room-service*, les visites de chantier et les déjeuners d'affaires.

Faire sa valise

Je n'ai jamais voulu enregistrer mes valises, d'abord pour ne jamais être tributaire du tri bagages et ne jamais perdre une valise en chemin, mais aussi pour pouvoir assurer parfois, lors de mes trajets, des connexions courtes. Cette rigueur m'a forcée à apprendre à faire une valise à la fois utile et pratique.

Le meilleur conseil que je peux vous donner est de prévoir votre voyage jour après jour, occasion par occasion. Ainsi, je prenais le nombre de petites culottes +1 et la moitié de soutiens-gorge. Je passais ensuite en revue mes journées et mes soirées afin, chaque jour, de prévoir la tenue adéquate pour chaque rendez-vous. L'avantage d'être une femme est que les jupes prennent peu de place, les collants, quand c'est l'hiver, encore moins, et je prenais souvent une jupe pour trois hauts afin de pouvoir les assortir et les changer au rythme des différents pays sans prendre le risque qu'un de mes clients ne m'ait vue habillée pareil la veille ou le lendemain. N'oubliez pas non plus de prendre un petit pyjama ou un caleçon pour dormir, ainsi qu'une tenue décontractée pour le soir où vous serez seule et « chillerez » à l'hôtel. Évidemment, c'est la théorie qui fonctionne la majeure partie du temps, mais je vous rassure, j'ai aussi essuyé des plâtres.

Une fois, saisie par le froid moscovite, je me suis achetée une paire de boots chaudes, bleu pétrole. Elles n'entraient pas dans mes valises et ont fait un étrange effet à mon client taïwanais lorsque ce dernier m'a galamment ouvert la portière de la voiture et qu'il les a vues à mes pieds, par 35 °C humides comme seule l'Asie du Sud-Est sait le faire.

Prévoir chaque tenue pour chaque occasion permet ainsi de ne rien laisser au hasard et de ne pas se poser de questions quand arrive le moment de sortir et de choisir sa toilette. Cela exige évidemment de l'anticipation, mais c'est la règle quand il s'agit de vivre son voyage plus confortablement.

Essayez au maximum de prendre des tenues mixtes qui peuvent se marier entre elles et, pour gagner de la place, réduisez le nombre de paires de chaussures. À ce titre, une paire de mocassins fera parfaitement l'affaire avec une jupe un jour et un pantalon le lendemain. Choisissez aussi le moins de couleurs possible ; en ne prenant que du noir ou du bleu marine, vous pourrez assortir plus de vêtements quand le moment sera venu et vous aurez alors moins de hauts ou de bas différenciés à assembler. Pour les touches de couleur, vous pourrez penser aux foulards ou aux étoles, mais aussi aux boucles d'oreilles qui ne prennent presque pas de place et qui éclaireront une tenue sobre sans aucun doute.

Enfin, quel que soit l'endroit où vous allez, prenez toujours une tenue de sport - si vous pratiquez bien sûr - et un maillot de bain. Les hôtels sont souvent équipés d'une piscine et c'est un délice infini de pouvoir aller faire quelques brasses pour se décontracter.

Si, d'aventure, vous n'étiez pas assez couverte, soyez créative. Je me souviens d'une soirée à New York, où je dormais au Gramercy Park Hotel et où je me suis rendu compte que je n'avais pas pris d'étole n'ayant pas été assez rigoureuse avec la température. Sans hésiter, j'avais posé sur mes épaules le plaid qui était déposé sur le lit, la couleur marchait parfaitement avec ma tenue, mes clients n'y ont vu que du feu et j'ai passé la soirée au chaud...

Dans la trousse de toilette, tout est miniature mais tout est bon. Ainsi, ma trousse de toilette était toujours composée d'un bon shampoing, d'un démêlant, d'un savon liquide pour la douche, d'une eau micellaire, d'une crème de jour, d'une brosse à dents et d'un mini-dentifrice. Vous pouvez ainsi compter sur l'hôtel pour vous fournir Coton-tige, disques démaquillants et bonnet de douche - pour qui s'en sert encore. Si vous prenez le temps de passer à la pharmacie avant de partir, vous trouverez presque à coup sûr tous vos produits préférés en format de voyage. Les shampoings d'hôtel ne sont jamais de bonne qualité et finissent par abîmer les cheveux.

Un indispensable à ne jamais oublier : une grande étole en cachemire, même quand on part aux Émirats où la climatisation peut être redoutable. Cette écharpe servira de tour de cou pour ne pas attraper froid, de plaid sur les jambes et de coussin dans l'avion.

Quand je pars loin de chez moi, j'aime emporter un bout de maison, je fais partie de ces gens qui sont heureux avec certaines odeurs ou en touchant certaines matières. J'ai ainsi quelques petits trucs qui me font du bien auxquels je pense toujours :

- une bougie parfumée qui me met de bonne humeur ou des huiles essentielles que j'aime tant que j'en mets sur un morceau de bois en arrivant. Entrer dans une chambre d'hôtel anonyme, aussi belle soit-elle, et sentir une odeur qui nous rassure est un véritable luxe ;
- mon journal intime, avec un feutre ou un stylo que j'affectionne particulièrement pour écrire ; il n'y a rien de pire que d'écrire avec un stylo de mauvaise qualité ou avec une pointe particulièrement fine quand ce sont les feutres que l'on aime, par exemple ;
- un livre que j'aime, éventuellement deux, car pendant les voyages, les énormes livres ne sont pas les plus pratiques ; vous pouvez alors soit en prendre un en format poche plus léger, soit télécharger le gros que vous dévorez en numérique pour ne pas avoir à vous encombrer ;
- une bouillotte si je vais dans un pays froid ; c'est le bonheur assuré que de se glisser sous la couette en hiver, toute seule, et d'avoir une bouillotte qui a préalablement chauffé le lit ;
- du thé et de la tisane, pour les odeurs, les goûts et l'atterrissage avant de fermer les yeux ;
- des grosses chaussettes pour dormir – vous l'aurez compris je crois, je suis frileuse !

Préparer son voyage

Ici aussi, il convient de se projeter et de dérouler chaque étape de son voyage. À l'arrivée à l'aéroport, qui vient nous chercher ?

Faudra-t-il donner un pourboire ? Je gardais dans une pochette les monnaies du monde entier et avant chaque départ, je calculais le nombre de services que je devrais rémunérer, prévoyant des petits montants en espèces afin de pouvoir, dès l'arrivée, gratifier le chauffeur, le bagagiste et le *butler* sans avoir l'inconvénient de devoir dire : « Je suis désolée, je n'ai pas encore de monnaie locale. »

Préparer son voyage veut aussi dire anticiper au maximum tout en laissant des plages de surprises. Évidemment, un voyage professionnel laisse moins le cours à l'imagination, mais vous pourrez néanmoins, et je vous le conseille fortement, utiliser votre déplacement pour prolonger de deux jours votre séjour et à titre personnel aller visiter une ou deux merveilles de la région. Quitte à être à l'autre bout de la Terre, autant en profiter. C'est ainsi que grâce à un dîner à quatre mains à São Paulo avec le chef Alex Attala, j'ai pu partir trois jours seule visiter les chutes d'Igaçu, par le Brésil et par l'Argentine. Quelle joie !

Chaque jour, vous pouvez préparer vos trajets, les adresses où vous devrez vous rendre et les numéros de téléphone des contacts que vous devez rencontrer. Il n'est pas rare qu'une aventure au bout du monde soit pleine d'inattendus, alors prévoyez toujours du temps pour... tout ce que vous n'imaginez pas ; il sera toujours préférable de sortir votre livre si vous arrivez en avance que de courir et transpirer à la recherche d'un taxi introuvable dix minutes avant votre rendez-vous.

Gardez-vous enfin des plages à vous, une soirée sans personne pour vous reposer, deux heures pour un massage ou une séance de réflexologie plantaire – surtout en Asie –, une heure pour errer dans la ville et acheter un souvenir ou deux pour vos proches.

Voyager en avion

J'aime les avions et les aéroports, cette ambiance où les gens partent, d'autres arrivent. Cependant, ces endroits peuvent souvent être anxiogènes pour nombre d'entre nous. À force de voyager, certains aéroports, grands *hubs* de la planète, étaient devenus mes *shopping centers*; je me souviens encore de l'emplacement du Zara à Hong Kong ou du Victoria Secret à Incheon, l'immense aéroport de Séoul.

Arrivez à l'aéroport à l'heure à laquelle vous vous sentirez à l'aise. Je ne me permettrais pas de vous conseiller sur ce point, ayant plutôt l'habitude de prendre le vol au dernier moment plutôt que de pouvoir enregistrer pour celui d'avant.

Le passage de la sécurité est toujours un moment délicat, source de stress pour presque tout le monde. Soyez courtois et restez poli. N'ayez aucun doute sur le fait que les agents de sécurité sont là pour faire leur travail et pas pour vous rendre la vie insupportable. Obéissez avec le sourire aux consignes qui vous sont données et ne paniquez pas, cela ne sert à rien. Anticipez et soyez agréable, vous verrez, cela changera dès le début votre relation avec eux. Si vous êtes sélectionné pour un contrôle aléatoire, ne vous fâchez pas, c'est aléatoire et c'est le hasard.

Pensez aux basiques qui pourraient vous faire perdre du temps et anticipez en sortant votre ordinateur, votre trousse de toilette, en retirant les monnaies de vos poches, les casques, écharpes, bonnets et autres chapeaux, en vérifiant votre montre et vos bijoux et si vous pensez que vos semelles vont faire sonner vos chaussures, alors retirez-les - vos chaussures, pas vos semelles -, cela vous fera toujours gagner du temps et économiser du stress.

La tenue pour voyager est évidemment et obligatoirement une tenue confortable, surtout pour les longs courriers. Un legging mieux qu'un jogging, et même si vous n'avez qu'un tee-shirt et des baskets, une veste change tout. Ma tenue de voyage consistait en une paire de Converse blanches, propres, un legging noir, un tee-shirt blanc bien coupé et une veste noire et une belle étole. La veste vous donnera une certaine allure et bien posée dans l'avion, elle voyagera sans être froissée.

Dans votre sac à main, gardez ce qui vous aidera à passer le temps, livres, jeux, et aujourd'hui, évidemment, écrans en tout genre. Je me souviens des premiers voyages sur Emirates avec les A380 où la classe affaires disposait d'un écran géant avec un service de films illimité. C'était tout nouveau, et après avoir passé près d'une heure à me faire attraper par les bandes-annonces, je me dépêchais de choisir un film au risque de ne plus avoir le temps de le regarder en entier.

Sur un vol de nuit, n'hésitez pas à demander au personnel de bord de ne pas vous réveiller pour le repas. C'est par exemple le cas sur un New York-Paris pour lequel la courte durée ne permet pas de dîner et de dormir, aussi je dînais toujours avant d'embarquer et prenais soin de demander à l'hôtesse de ne pas me servir le repas, ce qui me permettait dès que l'avion roulait pour décoller d'enfiler bouchons d'oreilles et masque et de me concentrer sur les cinq ou six heures de vol pour récupérer au maximum.

Lors d'un long voyage en avion, j'aimais découper mon temps : une plage horaire de travail, une plage horaire de détente en regardant un film et une plage horaire pour dormir.

Si vous n'arrivez pas à trouver le sommeil, ne stressez pas, cela fait partie du jeu du voyage. Vous avez la possibilité de prendre un cachet pour vous aider ; personnellement je n'en ai jamais pris, mais pourquoi pas. Avec les années, le décalage horaire devient moins pénible, puis presque indolore... Et si vous vous y savez sensible, alors faites au mieux pour vous préparer un moment calme de repos une fois arrivé à l'hôtel. En ce qui me concerne, je me passe de la méditation dans le casque afin de m'apaiser et de m'endormir et je me réconforte en me disant qu'un moment calme les yeux fermés équivaut presque à un moment de sommeil.

Dernier petit truc partagé, j'aimais beaucoup, lors des longs courriers, calculer le nombre d'heures de vol et le comparer aux nombres de fuseaux horaires traversés afin de vérifier que cela tombait juste. Cela n'était jamais le cas, mais la concentration dont je devais faire preuve pour effectuer ce calcul me plongeait la plupart du temps dans les bras de Morphée.

Voyager en train

À l'inverse du voyage en avion, le voyage en train est un voyage de proximité où l'ambiance est toujours plus animée, moins intimiste et plus publique, si je puis m'exprimer ainsi. Alors que dans l'avion, le pré carré qui vous est destiné est particulièrement bien dessiné, aussi petit soit-il, dans le train, à moins d'opter pour un siège solo, il faut souvent partager sa tablette et ainsi une proximité presque plus intime avec son voisin.

Il faudrait, toujours, que les hommes aident les femmes à porter leurs valises et à les placer en hauteur quand cela est prévu à cet effet, sinon, dans le pire des cas, que les femmes les plus jeunes aident les personnes plus âgées quand elles le peuvent.

Si vous arrivez à votre siège et que quelqu'un y est déjà assis, évitez le drame, ce n'est pas la fin du monde, et dites gentiment que c'est votre siège ; souvent, la personne installée voudra être à côté de quelqu'un et si vous n'êtes pas gêné par un sens de la marche inverse ou déclassé si vous aviez pris un billet en première, alors il n'y a pas de raison que vous refusiez le changement de place. Il peut arriver néanmoins, et je l'ai vécu, que des gens se sentent mal à l'aise près de la fenêtre, voulant pouvoir étendre leurs jambes dans le couloir ; respectez cela et récupérez votre place, c'est la moindre des courtoisies.

Si vous avez prévu un casse-croûte pour le voyage, évitez de manger des aliments qui font du bruit ou qui dégagent une odeur particulièrement forte. Si vous voyagez avec des amis, chuchotez plutôt que de parler à voix haute et ce à double titre, d'abord par politesse vis-à-vis des autres passagers dans l'espace public, ensuite par discrétion pour les sujets d'affaires que vous abordez. Il y a des dizaines de cas de piratages où des conversations ont été surprises dans un train entre deux personnes par un professionnel d'une entreprise concurrente.

Quelques rappels fondamentaux : passez vos coups de fil sur la plateforme et pas à votre siège ; si vous vous levez pour aller aux toilettes en dérangeant trois personnes, que c'est occupé, patientez plutôt que de revenir vous asseoir et de repartir après ; si vous voyagez avec vos enfants, oubliez quelques heures vos engagements sans faille contre les écrans, il n'est pas facile de les occuper pendant trois heures à ne faire que du coloriage et leur éducation ne s'en trouvera pas entachée pour autant.

Enfin, n'oubliez pas que le voyage en train est un déplacement de proximité qui permet toujours de regarder les paysages de la France ou du pays que vous traversez. Profitez de ce moment pour ne rien faire, c'est si rare !

Voyager en voiture

J'aurais eu tendance à dire que c'est de plus en plus rare, mais avec le développement du covoiturage, c'est finalement de plus en plus fréquent. Le voyage en voiture, que l'on soit le conducteur ou le passager, implique des comportements et une bienséance tout particuliers.

Si vous conduisez, demandez gentiment à vos passagers s'ils ont peur en voiture, si la vitesse ne les dérange pas, si la température leur convient ou encore s'ils ont un choix de musique préféré. Prévoyez toujours des mouchoirs en papier quelque part dans la voiture, ainsi que des bonbons au miel pour ceux qui auraient un petit creux. La voiture est une seconde maison et, par voie de conséquence, sa propreté est un réel reflet de votre savoir-vivre. À ce titre, prenez soin de faire laver votre voiture, de ranger fréquemment son contenu et d'en prendre grand soin.

Si vous n'êtes pas le conducteur, abstenez-vous de tout commentaire sur la conduite de celui qui conduit, d'abord parce que c'est particulièrement désagréable, mais aussi et surtout parce que cela peut être déstabilisant, voire dangereux. Et puis, si votre ami conduit comme un taxi new-yorkais avec le pied collé sur le frein ou comme un pilote de Formule 1, prenez votre mal en patience si le voyage est court, prenez une autre voiture si le voyage est long...

DÈS DEMAIN

Quel que soit le voyage que vous entreprenez, considérez-le avec grande politesse afin de faire de cette aventure un succès. Préparez votre voyage, qu'il soit en avion, en train ou en voiture, et profitez au maximum du temps du trajet pour anticiper les situations qui pourraient survenir et vous y préparer.

LA POLITESSE À L'HÔTEL

Les hôtels... Toute ma vie. Pendant presque vingt ans, j'ai fait le tour du monde des plus beaux hôtels et palaces; j'ai été reçue avec les plus grands soins à chaque fois, accueillie par le directeur général la plupart du temps, logée dans des chambres et des suites toutes plus belles les unes que les autres et j'ai dégusté des dîners somptueux. J'ai aussi eu la chance de célébrer des événements féeriques, défilés de mode, ouvertures de boutiques, de petit-déjeuner sur la Grande Muraille de Chine, de dîner au beau milieu du désert et d'assister à des dégustations gastronomiques où le palais s'emballe au fil des mets et des vins.

J'avais mes habitudes dans certains établissements du bout du monde, je connaissais les horaires des salles de sport des derniers étages avec leurs immenses baies vitrées donnant sur la ville, où aller quand je ne pouvais pas dormir, les meilleurs spas et massages des pieds, les concierges et les voituriers. C'était une époque - qui me semble révolue aujourd'hui - où prendre l'avion pour aller dîner à Hong Kong ou être présente à une réunion à Dubaï juste pour la journée était normal, le monde des affaires était ainsi. C'était un temps où le Covid n'avait pas changé nos habitudes de travail et où la conscience de la santé de la planète n'avait pas pleinement pris sa place dans nos modes de vie; en tout cas, pas dans le mien.

Je suis profondément reconnaissante et sincèrement heureuse d'avoir vécu ces années de travail et de découverte. Grâce aux voyages, je suis devenue une citoyenne du monde, j'ai aujourd'hui de véritables amis un peu partout sur la Terre et j'ai eu le privilège de voir de nombreuses merveilles, du cercle polaire à la forêt amazonienne, de la Muraille de Chine au désert des Émirats, tout comme de rencontrer des personnalités qui pour toujours porteront ma vie et recueilleront toute ma gratitude.

L'hôtel fait partie des voyages, et s'il est une seconde maison pour certains, il peut aussi être une source de stress pour d'autres. Il y a des codes à respecter, des choses à faire et d'autres à ne pas faire. Comment faut-il se comporter ? Faut-il laisser un pourboire ? Faut-il ranger sa chambre, vider les poubelles ? Jusqu'où aller dans la reconnaissance des salariés ? Faut-il les appeler par leur prénom ? Réserver une table au restaurant ? Aller avec ses enfants à la piscine ?... Tant de questions qui peuvent tarauder les esprits, à juste titre.

Le choix de l'hôtel

Il serait trop facile de recommander les meilleurs palaces du monde, ce serait même ridicule. La politesse ici oblige à être en cohérence à la fois avec son budget, mais aussi avec le pays. Ainsi, certains ont une hôtellerie peu développée, pour différentes raisons, et il convient alors de s'adapter et de ne pas chercher à tout prix un hôtel si la coutume veut que ce soit plus facile de rester chez l'habitant.

Si le choix de l'hôtel varie également, avec son budget, je préciserai ici l'importance de privilégier l'espace avant tout. Ainsi, en voyageant avec ses enfants, je recommande d'opter pour un hôtel moins cher mais qui pourra offrir deux chambres communicantes au lieu de tous s'entasser dans un hôtel plus chic mais dans une chambre de 12 mètres carrés...

Le choix de l'hôtel fait aussi référence à l'expérience que l'on attend de la ville. Marrakech est un bon exemple pour cela : on peut être loin de tout au calme dans la Palmeraie ou au cœur de la Médina.

Personnellement, j'aime tendre la main aux petits entrepreneurs, ceux qui se lancent et ouvrent des maisons d'hôtes, des *bed and breakfast*, des chambres, bref, tous ceux qui décident d'accueillir, car aller chez les autres est toujours une expérience différente, la plupart du temps enrichissante.

L'arrivée à l'hôtel

Si une voiture de l'hôtel est venue vous récupérer à l'aéroport ou à la gare parce que vous avez pris soin de la commander, alors vous voilà déjà plongé dans le monde de l'établissement. Le sourire du chauffeur qui vous accueille avec le panneau et votre nom, la bouteille d'eau dans la voiture avec la serviette rafraîchissante – après un vol long-courrier, c'est tellement agréable –, le poids de vos valises en moins et l'odeur de l'hôtel déjà présente dans la voiture. Ces sensations me sont encore présentes à l'esprit à mon arrivée à Hong Kong, en route vers le Mandarin Oriental Landmark au cœur de la ville. À l'hôtel, le voiturier ouvre la porte et vous accueille personnellement. Je trouvais cela surprenant au début, mais j'ai finalement vu un jour leurs oreillettes et j'ai compris qu'ils se prévenaient de l'arrivée des clients... C'est tout aussi agréable et chic, mais certes moins magique...

En descendant de la voiture, la question se pose de donner ou non un pourboire au chauffeur. Vous pouvez le faire, vous aurez eu le temps de le préparer pendant le trajet, et à ce titre, prenez soin de garder votre sac à main avec vous – l'équivalent de 5 euros ou dollars est convenable. Sachant que vous ne devriez pas revoir le chauffeur avant votre départ, c'est maintenant qu'il faut le gratifier. Je préfère quand c'est l'homme qui le fait, mais si vous êtes une femme et que vous voyagez seule, vous n'aurez pas d'autre choix que de le faire vous-même et c'est OK. Il vous suffira de tendre la main pour le remercier et de glisser discrètement le billet dans la paume de votre chauffeur. Si ce dernier ne venait pas près de vous malgré votre geste et restait à distance, n'insistez pas, ne lui courez pas après, ce sera pour une prochaine fois.

À votre entrée dans l'hôtel, vous vous dirigez vers l'accueil pour vous enregistrer : il faut toujours remplir un petit document, donner son passeport pour qu'ils en fassent une photocopie, sortir sa carte de crédit même si l'on a déjà prépayé... C'est un moment qui peut être désagréable car on est souvent fatigué, il y a parfois du monde avant soi et on aimerait bien écourter cela. Prenez votre mal en patience, souriez, dites-vous que la jeune femme ou le jeune homme en face de vous fait ce qu'il ou elle peut pour être efficace et que plus vous râlerez, plus vous perdrez du temps.

À la réception, je m'assurais systématiquement qu'il y ait dans la chambre une bouilloire et des tasses à thé - je bois du thé toute la journée et l'eau chaude fait partie des choses fondamentales dans ma vie. Si vous avez des envies particulières ou des prérequis qui vous tiennent à cœur, n'hésitez pas à en parler à la réception, ce sera plus simple pour tous les salariés de l'hôtel et leurs organisations.

Le *butler* (majordome) arrive pour récupérer vos valises et un membre du personnel de l'hôtel vous accompagne à votre chambre. Je prenais toujours mes valises avec moi car les valises arrivaient en général longtemps après et ça m'évitait ainsi de devoir rouvrir la porte de la chambre alors que j'avais commencé à me reposer. Mais c'est au goût de chacun.

Une fois la porte de la chambre franchie, il faut aussi prendre son mal en patience car l'employé de l'hôtel fait souvent le tour de la chambre en lapalissade... C'est ainsi. Vous pouvez néanmoins écourter cette étape en lui disant avec politesse : « Merci, mais je voudrais me reposer rapidement et je n'hésiterai pas à appeler la réception si je manque d'informations. » Il vous faudra accompagner votre geste d'un pourboire, car l'employé qui vous accompagne dans votre chambre attend systématiquement un geste de votre part.

Une fois seule dans la chambre, je défaisais mes valises et me recréais mon monde, celui au sein duquel je savais que je me sentirais bien. Ainsi, je rangeais tout de suite mes affaires : dans le dressing, je suspendais les robes et les pantalons, dans les tiroirs des commodes, la lingerie et les hauts ; dans la salle de bains, j'installais mes crèmes, la brosse à dents ; et sur le bureau, mon ordinateur et son chargeur. Puis j'appelais la réception et demandais que le service de chambre vienne récupérer une ou deux robes, en fonction de ce que j'avais prévu dans ma valise, afin de les repasser. C'est toujours délicieux de rentrer après une balade ou un rendez-vous et d'avoir ses vêtements prévus pour le dîner important de la semaine repassés et suspendus dans le dressing !

N'hésitez pas non plus, si un de vos vêtements a subi un accroc ou que vous voyez une tache, à demander qu'il soit recousu ou nettoyé, ces services sont d'une efficacité redoutable et souvent à un prix accessible.

Je choisissais ensuite le côté du lit où je voulais dormir - le plus loin de la fenêtre ou de la climatisation, en fonction de la source potentielle de froid - et j'installais sur la table de nuit mon journal, mon livre, et branchais les chargeurs pour que cela soit fait si je devais sortir et rentrer plus tard.

En quittant la chambre, je m'assurais toujours de regarder comment fonctionnait la lumière pour mon retour : les cartes que l'on insère aujourd'hui allument tout et l'on peut perdre un temps précieux, quand on rentre fatigué d'un dîner, à chercher la bonne lumière et le bon bouton pour ne garder que sa liseuse et se coucher paisiblement. J'ai des souvenirs bien concrets où je me levais, agacée, pour débrancher les prises ne trouvant pas le bon interrupteur... Si on peut s'éviter cela en anticipant, c'est toujours mieux !

Si vous arrivez avant l'horaire auquel votre chambre devait être prête, n'hésitez pas à demander à laisser vos valises à la bagagerie de l'hôtel, ni à demander à prendre une douche si vous deviez repartir travailler. La plupart des hôtels vous permettront l'accès au spa ou à une salle de détente pour pouvoir vous laver, vous préparer et vous changer.

Le séjour à l'hôtel

Les questions qui se posent surtout pendant le séjour à l'hôtel sont celles liées au bon comportement au sein de l'établissement. Si vous saviez les comportements odieux qui m'ont été relatés pendant ma carrière et les choses inadmissibles qui ont été faites par des clients, dans les plus beaux hôtels de la planète, c'est absolument désolant !

Selon moi, les grandes oubliées sont les femmes de chambre. Chaque jour, elles viennent dans votre chambre, elles prennent soin de votre lit, rangent et plient vos affaires, même vos petites culottes sales, et elles ne sont pas remerciées, ou si peu. Alors j'aime, pendant mes séjours à l'hôtel, laisser un petit billet sur la table de nuit accompagné d'un joli mot manuscrit pour les remercier de leur travail et des attentions qu'elles portent. Croyez-moi, ce geste, qui demande peu, aura un impact immense sur les employées, mais aussi sur vous.

Dans la salle de bains, tous les hôtels prennent soin de le faire désormais, la consigne est simple : les serviettes au sol signifient qu'il faut les laver, contrairement à celles qui restent suspendues. Alors, à quel moment faire laver sa serviette ? Réagissez comme à la maison, avec bon sens. Si votre serviette est sale, alors vous pouvez la faire laver, sinon, à moins de rester plus d'une semaine à l'hôtel, tout le linge de la chambre devrait suffire pour un séjour de cinq jours.

Il en est de même pour les draps. Dans la plupart des hôtels, ils sont changés toutes les trois nuits, en ce qui me concerne, je demande que cela ne soit pas fait ; encore une fois, sauf accident, personne ne change ses draps tous les trois jours, alors réagissez avec bon sens et bien commun.

S'il arrivait que, pour différentes raisons, vous deviez recevoir du monde, alors prévenez la réception. C'est délicat et à la fois en cohérence avec les règles de sécurité de l'hôtel ; ainsi, vous passerez un coup de fil à la réception prévenant de l'heure d'arrivée de votre invité et vous prendrez soin de donner son nom. La réception vous appellera et vous demandera s'ils peuvent le faire monter.

Pendant mes séjours à l'hôtel, j'allais presque tous les matins à la salle de sport, sauter à la corde et pratiquer le TRX ; je partais de la chambre en tenue de sport tôt et je croisais souvent des clients qui allaient prendre leur petit-déjeuner en peignoir. J'ai toujours été dubitative sur cette pratique. En effet, les espaces publics ne sont pas vraiment adaptés à cette tenue.

Ainsi, s'il est entendu d'ouvrir la porte à l'employé qui vient vous apporter votre petit-déjeuner au lit en peignoir, parce que vous avez prévu de rester justement déguster vos œufs sous la couette, il est assez improbable de sortir avec cette même tenue pour aller au restaurant. Aussi, ne perdez pas de vue que, surtout dans les grands hôtels, les petits déjeuners sont souvent très prisés par les hommes d'affaires et accueillent fréquemment des rendez-vous professionnels, même à 7h30 ou 8 h du matin. C'est pourquoi, si vous sortez de votre chambre en peignoir, vous risquez d'être assis à côté d'un homme en costume trois-pièces... À vous de voir. En ce qui me concerne, la tenue de sport pour aller à la salle de sport est cohérente, le peignoir dans la chambre ou quand il s'agit d'aller au spa ou à la piscine est sensé, mais dès qu'il s'agit de retrouver des espaces publics, alors la politesse veut que l'on se soit douché, habillé et que l'on soit prêt à côtoyer la vie publique. Il n'y a rien de plus désolant que de voir une famille aux enfants ébouriffés, aux yeux sales et aux parents en jogging.

Par ailleurs, pendant le séjour à l'hôtel, le concierge est à votre service pour organiser et sublimer votre séjour ; il ne faut pas hésiter à le solliciter, il est souvent un formidable compagnon de surprises.

Je me souviens ainsi d'un séjour en amoureux aux Maldives où j'avais prévu de surprendre mon mari. J'avais fait en sorte que le concierge trouve une version de *La Grande Vadrouille* et nous prépare l'écran et la table sur la plage. Un soir, alors que nous marchions vers le restaurant, nous sommes passés devant l'écran géant qui avait été installé sur la plage. Mon mari m'a alors dit : « Oh, t'as vu, c'est super, ils se sont fait préparer un dîner avec un film ! » La télé était allumée, mais l'écran était en attente, la télécommande posée sur la table. Et moi de répliquer : « Viens, on va regarder le film qu'ils ont prévu de visionner, prends la télécommande. » Mon mari a récupéré la télécommande, lancé le film et voyant le générique de *La Grande Vadrouille*, il s'est exclamé : « C'est dingue ! Ils vont regarder *La Grande Vadrouille...* » Se tournant alors vers moi, il a vu mes yeux pleins de malice et a compris instantanément que les invités de cette soirée n'étaient autres que nous !

Les concierges sont aussi utiles pour envoyer des cartes postales quand vous n'avez pas eu le temps de le faire, récupérer des achats dans des boutiques, etc. C'est un monde de services qui est ouvert à qui veut bien le solliciter ; et le payer bien sûr.

Le départ de l'hôtel

Pendant le séjour à l'hôtel, il peut arriver que l'on se prenne d'amour pour son peignoir, pour une paire de tongs avec lesquelles on va à la plage, ou encore le sac de jour prévu dans le dressing de la chambre. Que peut-on emporter et que doit-on laisser ?

Quand je voyageais beaucoup, j'avais pris pour habitude de récupérer dans mes valises les chaussons d'hôtel ; souvent, ils sont logotés et je les offrais à mes fils, ravis d'avoir une collection de chaussons avec les hôtels et les pays du monde, c'était un souvenir cosmopolite.

Les parapluies aussi font partie de mes souvenirs préférés, parfois ils sont offerts, parfois il est préférable de demander si l'on peut les acheter, démarche qui vous garantit presque à tous les coups de vous les voir offrir. En parlant de parapluie, je me souviens d'un séjour au Park Hyatt à Shanghai, dans cette tour immense où l'hôtel commence au 79e étage et où la réception est au 93e étage, sur la rive de Pudong, et qui fait face à l'immeuble connu sous le nom du « décapsuleur ». Un matin, arrivant au petit déjeuner, la salle était baignée de soleil et la plupart des clients portaient des tenues estivales, shorts et tongs pour le plus grand nombre. Étienne, notre ami qui était à l'époque le *general manager* de l'hôtel, avait décidé de se poster aux ascenseurs et arrêtait les clients de son hôtel qui s'apprêtaient à descendre explorer la ville en leur donnant un parapluie. Il disait avec gentillesse : « Sous les nuages, il pleut très fort, je vous offre un parapluie, mais je vous invite aussi à mieux vous chausser... » Comment aurions-nous pu imaginer alors que la tour, du haut de ces 492 mètres, était entourée d'un lit de nuages denses, au-delà desquels le soleil brillait, mais que sous les nuages, c'était la tempête ? Avec les restaurants juchés au 91e étage de l'hôtel, qui aurait pu se douter que nous étions préservés des intempéries de la ville ?

Parapluies, peignoir, chaussons... Soyons clairs, dans la gestion d'un hôtel, il y a ce qui est prévu d'être offert aux clients et qui compte comme une charge dans la comptabilité de l'établissement et il y a le reste. Voici quelques petits rappels de bienséance :

➩ Je peux prendre avec moi en partant :

- les chaussons ou tongs de la chambre ;
- les miniatures de savon ou shampoing ;
- les bonnets de douche, les Coton-tige et tous les petits équipements qui sont dans la chambre, logotés ou pas ;
- les stylos, blocs de papier et carnets de notes ;
- les parapluies dans certains palaces.

➩ Je ne peux pas prendre avec moi en partant :

- le sèche-cheveux, et même si ce dernier est formidable ;
- les serviettes ;
- la vaisselle de la chambre ou du *room-service* ;
- la bouilloire (dans laquelle je ne peux pas non plus faire cuire des pâtes) ou la machine à café ;
- les dosettes de café ou les sachets de thé ;
- les cintres dans le dressing ;
- le fer à repasser ou sa planche ;
- les chargeurs et adaptateurs que l'hôtel aurait mis à notre disposition.

➩ Je peux emporter, en demandant et/ou en achetant :

- le peignoir de la salle de bains ;
- les chapeaux ou autres sacs mis à disposition ;
- les serviettes de plage logotées de l'hôtel, que l'on peut acheter la plupart du temps ;

- les parapluies, qui, s'ils ne vous sont pas donnés, vous seront à coup sûr offerts si vous le demandez ;
- une vaisselle en particulier ; si vous avez un coup de foudre, l'hôtel vous la vendra sans aucun doute, ou vous l'offrira si vous êtes un bon client.

D'une façon générale, il est préférable de demander dès que vous avez un doute. La plupart du temps, l'hôtel vous fera cadeau de ce dont vous rêvez, sinon vous pourrez l'acheter ; mais il sera proprement impoli d'embarquer dans ses valises un objet appartenant clairement à l'hôtel.

Je me souviens ainsi d'un fou rire que nous avions eu avec mon ancien associé en rentrant de Beyrouth, où nous avions passé quelques jours avec l'architecte qui travaillait sur notre projet, en nous remémorant le coup de fil que nous avions eu de notre client qui - en réglant la note de notre hôtel - avait été rappelé à l'ordre car une bouilloire avait disparu de la chambre... Il va de soi que prendre une bouilloire d'hôtel dans ses valises n'est pas faire preuve de politesse...

Une fois vos valises faites et vous sur le départ, n'hésitez pas à appeler la réception afin qu'ils envoient quelqu'un vous aider avec vos valises, c'est un service qui est particulièrement agréable ; ils sont équipés de chariots dédiés au transport de bagages et vous n'aurez qu'à prévoir votre sac à main et un pourboire pour le bagagiste qui aura pris soin de venir vous rejoindre dans votre chambre. Le mieux est de le laisser partir d'abord ou, si vous n'êtes pas pressé, de quitter la chambre et de le laisser faire son travail après votre départ ; cela vous évitera ce moment désagréable de partager l'ascenseur avec un chariot démesuré.

Avant de partir, faites bien le tour de la chambre d'hôtel ; je suis la première à oublier quelque chose et je prends maintenant le temps qu'il faut pour bien tout vérifier.

Quand vous quittez votre chambre, il n'est pas nécessaire d'avoir fait le ménage, mais prenez soin en revanche de rendre un endroit propre, *a minima*. Je jette les boîtes quand j'ai fait du shopping ou les étiquettes, dans la poubelle, je mets les serviettes de la salle de bains en tas dans un coin, je m'assure de ne pas laisser de papiers de minibar dans des coins et de vider les tasses de leurs sachets de thé ou de tisane.

Si vous devez prendre un vol tôt le matin et que la salle de petit-déjeuner n'est pas encore ouverte, prévoyez la veille avec le réceptionniste que ce dernier vous prépare quelque chose. Les hôtels devraient toujours prendre soin d'avoir une offre pour les « *early birds* ». J'avais pris l'habitude de demander une Thermos d'eau chaude avec un thé que je buvais pendant le trajet, et un croissant ou un petit bout de pain que je gardais avec moi pour l'arrivée à l'aéroport.

En transit

Je partage avec vous l'utilité des grands hôtels et la délicatesse dont ils peuvent faire preuve quand on prend le temps de leur parler et de les aborder avec politesse. Il y a deux ans, nous étions partis en famille à Malte pour une semaine. Désireux de prendre le bateau, nous avions voyagé de nuit de l'Italie à Catane en Sicile où nous étions arrivés très tôt le matin et d'où nous repartions en avion le soir pour La Valette, la capitale. Débarquant du bateau avec nos valises et deux jeunes enfants à 6 h du matin, la journée s'annonçait longue et nous étions dimanche. J'ai alors regardé quel était le palace de la ville et je les ai appelés, je leur ai expliqué notre situation et je leur ai demandé si nous pouvions venir prendre le petit-déjeuner chez eux et laisser nos valises pour la journée. « Bien entendu, Madame. » Nous avons pris un taxi pour rallier l'hôtel et 30 minutes plus tard, nous étions déchargés de nos valises - en sécurité dans l'établissement -, assis dans une somptueuse salle à manger pour profiter d'un buffet royal et pouvoir partir dans la matinée à la conquête de la ville. En fin de journée, nous avons simplement récupéré nos valises, laissé un pourboire généreux à la réception et pris une voiture de l'hôtel pour nous accompagner à l'aéroport.

Parfois, il suffit d'expliquer les choses avec gentillesse pour que la magie de la politesse opère...

DÈS DEMAIN

Pensez aux femmes de chambre, elles vous le rendront ; c'est simple à mettre en place et les effets positifs sur votre prochain séjour à l'hôtel seront démultipliés.

LA POLITESSE RENDUE À LA VIEILLESSE

Vieillir, c'est, entre autres, selon le dictionnaire Larousse, «être atteint par les marques du temps». Ce n'est pas si désagréable comme définition. Si seulement la réalité pouvait être aussi nuancée...

Vieillir, c'est changer physiquement, évoluer mentalement et quelle que soit la façon dont on voudra bien le tourner, c'est se rapprocher doucement mais sûrement de la mort. Certes, le programme n'est pas forcément réjouissant, certainement moins que la grande fête organisée pour ses vingt ans ; au demeurant, c'est le même programme pour tout le monde, et moi, ça m'a toujours rassurée.

Évidemment, c'est toujours plus agréable de se dire que tout le monde vieillit et que quoi qu'il arrive, la gravité jouera tôt au tard le même rôle sur chacun d'entre nous et si un matin on devait se trouver vraiment fatigué physiquement, alors il en sera un jour ou l'autre pareil pour tout un chacun.

Pourtant, savoir la vieillesse commune ne la rend pas pour autant plus simple et savoir que votre meilleur ami partage les mêmes pattes d'oie que vous ne les atténue pas pour autant.

Alors face à l'inéluctable, comment réagir ? Face à ce processus que l'on ne peut empêcher, à côté duquel on ne peut pas passer, comment répondre ?

Résister ? Se révolter ? Si vous voulez, mais cela ne servira à rien.

Nier ? Refuser ? Vous pourrez bien essayer, mais le décalage entre ce que vous serez et ce que vous penserez être n'en deviendra que plus cruel...

Mais, finalement, a-t-on vraiment le choix ? Peut-on réellement envisager de faire autre chose que d'accepter la réalité, embrasser le temps qui passe et, à ce titre, accueillir la vieillesse avec respect et délicatesse ?

Ainsi, à l'instar de ce que je vous propose face à la mort, voici quelques idées afin de se préparer à vieillir dans la joie et la bonne humeur.

Le physique

On ne va pas se mentir, vieillir pour une belle femme est très violent. « Comme t'étais, comme t'es devenue » se disait ma mère quand j'étais plus jeune en se regardant dans le miroir. C'est une réalité qu'il faut avoir la lucidité d'accepter et qui prend du temps à intégrer. Pourtant, c'est ainsi, ne plus voir les hommes se retourner quand on passe dans une salle de restaurant, ne plus sentir dans le regard d'un client qu'il vous trouve resplendissante, ne plus faire flancher facilement un gardien de sécurité pour entrer ou sortir d'un endroit quand ce n'est pas la bonne porte..., et j'en passe... Toutes ces praticités liées à la beauté d'une jeune femme disparaissent avec le temps et parfois, force est de constater que la sympathie d'un âge avancé ne suffit pas à les remplacer.

C'est inéluctable et nous parlerons plus tard des façons de mieux accepter la vieillesse, mais concentrons-nous tout d'abord sur ce qui peut nous aider à bien vieillir, ou pour le moins, mieux vieillir...

S'automasser

Chaque jour, face à votre miroir, quand vous mettez votre crème, massez-vous le visage. Vous trouverez des tas de tutoriels sur Internet pour cela ; vos gestes actifs et toniques activeront le collagène et vous vous sentirez à chaque fois revigoré.

Avoir un miroir dans sa salle de bains avec un bel éclairage

C'est inimaginable la différence qui peut exister entre un miroir bien éclairé et un autre aux lumières catastrophiques. Dans ma maison de Villefranche, j'ai pris soin d'avoir une fenêtre dos à mon plan vasque, m'offrant ainsi la douceur de me voir chaque matin avec la lumière naturelle qui frappe à l'arrière et je me trouve tout le temps ravissante. Je dois avouer que les lumières des hôtels parisiens, par exemple, où je dors sont en revanche absolument affreuses. Ce n'est qu'une lumière me direz-vous, cela ne change pas l'image reflétée, mais juste sa perception, et vous aurez raison. Mais en vieillissant, ce que l'on ressent est tout aussi important que ce que l'on est. Alors avec un bel éclairage, vous aurez confiance en vous et vous sentirez plus joyeux en mettant le pied dehors !

Se maquiller très peu

Plus on vieillit plus le maquillage vieillit, et la fraîcheur passée, le fond de teint lourd est plus une contrainte qu'un allié. Un peu de blush, du mascara quand vous le voulez, un anticernes et basta, comme dirait ma mère. Car si vous vous souvenez de *Ma biche*, Franck Alamo précise bien à sa douce à la fin de la chanson, je cite :

« Si tu veux mon avis à moi

Sans rien tu sais tu es très très jolie

Je ne vois vraiment pas pourquoi...

Pourquoi tu triches ô ma biche

Je t'en prie de grâce

Laisse tes yeux sans rien autour

Pour moi ma biche quoi que tu leur fasses

Tes yeux sont les yeux de l'amour. »

Alors, trichez le moins possible pour que vos yeux restent ceux de l'amour...

Ne pas oublier l'essentiel

Se démaquiller évidemment, et se nettoyer le visage avec un bon savon adapté. Mettre une crème de nuit si on le peut. Utiliser un contour des yeux dès 30 ans. Manger sainement. Ne pas fumer. Faire un peeling deux fois par an... La liste est longue encore, mais vous la connaissez et je n'ai pas vocation à paraphraser un *ELLE* Spécial Beauté.

Adorer son sommeil

Mon mari me dit toujours : « Pense à ton sommeil de beauté. » J'adore cette phrase, j'ai l'impression d'être une princesse de conte de fées. Mais il a raison. En vieillissant, il convient, d'une part de prendre soin de son sommeil la nuit, d'autre part, d'accepter - aussi souvent qu'on le peut - de faire des siestes réparatrices. Les cycles de sommeil évoluent et il faut les suivre, pas les froisser...

Le code vestimentaire

Grande question devant l'éternel : jusqu'à quel âge une femme peut-elle mettre une minijupe ? Est-ce que porter des babies se fait encore, passé 40 ans ? Est-ce que l'on ne ressemble pas à une vieille dame austère quand on ne met plus que des tailleurs ? Comment s'habiller en cohérence avec son âge ? Vaste débat. Si les réponses peuvent diverger en fonction des femmes bien sûr, il y a néanmoins des évidences. Ces dernières sont liées à votre tonus et à votre mental. Si vos bras pendent comme des ailes de chauve-souris, vous êtes invitée à éviter les débardeurs ; si en revanche vos triceps sont toniques, ça marche encore quelques années. Si vos jambes sont fines et fuselées, la minijupe, pas trop courte quand même, fonctionne encore à 45 ans ; si en revanche vous êtes pleine de varices et flasque, un pantalon droit bien taillé sera plus approprié. J'ai ainsi une paire de cuissardes

Saint-Laurent en plumes d'autruche absolument divines. Quand je les ai achetées, j'avais pile 40 ans ; peu de temps après, je suis tombée enceinte de mon second fils et une chose en entraînant une autre, je n'ai pas réussi à retrouver la ligne que j'avais alors. Six ans après, je n'ai jamais mis ces bottes. Je crois aujourd'hui que je suis un peu trop vieille pour les mettre... C'est à ce genre de réflexion que vous pouvez vous plier si demain vous vous interrogez sur une veste en poils d'autruche vert pomme !

L'amour au centre de tout

Ce n'est pas pour rien que l'on parle souvent de vieilles femmes aigries. Dans cette expression, je ne suis pas sûre que l'aigreur soit apportée par la vieillesse ni que la vieillesse emporte l'aigreur, en revanche, je suis profondément convaincue que l'aigreur fait plus vite vieillir et que la méchanceté rend vilain. Il suffit de se regarder dans le miroir quand nous sommes profondément en colère, les traits se tirent, la bouche se referme, les lèvres se resserrent et le visage se ternit. À force d'être méchant, on devient moche et à ne jamais prendre soin des autres, on finit par avoir le visage de sa cruauté.

Les personnes qui ont été aimées, qui aiment et qui sont aimées sont toujours plus épanouies, le sourire ajoute des rides partout faisant disparaître les autres, les yeux plissés de la joie couvrent les ridules du contour de l'œil. Vivre dans l'amour, être gentil avec les autres et poli avec soi rend plus beau, cela ne fait aucun doute, et cela, à tous les âges de la vie. Ainsi, il convient d'aimer les gens et surtout les jeunes filles. Aujourd'hui que j'ai un âge que je qualifierais de plus mature, j'adore dire aux jeunes femmes qu'elles sont ravissantes ; je trouve cela doux et réconfortant qu'une femme plus âgée vienne complimenter. Plus jeune, j'ai fréquemment souffert des regards féminins jaloux et je ne me suis que trop rarement régénérée dans ceux de femmes bienveillantes. Aujourd'hui je m'efforce de complimenter les jeunes femmes sur leurs tenues, ou encore leur charisme ; venant d'une autre femme, cela n'en a que plus de valeur.

Et puis avec l'amour au centre, il sera plus facile de resplendir, d'irradier de sa bonté et de laisser un souvenir impérissable, à l'image de ce que son cœur aura délivré comme message.

Un être occupé vieillit mieux

Si l'amour est essentiel, l'occupation l'est tout autant. «Il faut cultiver son jardin», nous disait Candide; on n'a rien écrit de mieux depuis Voltaire afin de nous aider à trouver sa richesse intérieure. Car s'il est un domaine qui ne vieillit pas, c'est celui de la culture, de l'intelligence et de la joie du partage. En vieillissant, il convient d'abandonner doucement ce qui a, pour certains, fait sa première richesse, et si la séduction s'atténue, la profusion intérieure s'accentue. Ainsi, au fur et à mesure que vos rides apparaissent, occupez-vous, lisez, discutez, écrivez, partagez et remplissez l'autre vase qui vous a toujours habité, celui du cœur. Je parle ici surtout aux femmes : avec le temps, nous sommes confrontées à de nouvelles façons de vivre, ce qui était simplissime avant pour une femme à la beauté inégalée devient moins accessible, sauf à en passer par d'autres chemins. Voyagez, ayez des animaux, cultivez un potager, enseignez, formez, rendez ce que vous avez eu; par mille chemins, éloignez-vous de la beauté asservissante pour aller vers la culture libératrice. Si demain vous ne pouviez plus avoir de cour plongée dans vos yeux de chat, vous pourriez néanmoins avoir une foule absorbée par l'intelligence de vos propos.

DÈS DEMAIN

Savoir vivre, c'est apprendre à vieillir. Travaillez à vous construire un système de valeurs qui ne reposent pas seulement sur le physique car ce dernier, c'est une évidence, est voué à disparaître. Développez l'amour, le courage, la culture, épanouissez-vous dans des domaines qui vous feront oublier qu'être splendide, quand on travaille au potager, ne fait pas pousser plus vite les fraises…

FACE À LA MORT

Tous les jours vont avec la mort

Michel de Montaigne écrivait, en 158, dans *Essais*, III, 13, cette phrase que je trouve absolument merveilleuse : « Notre grand et glorieux chef-d'œuvre est de vivre à propos. Toutes autres choses, régner, thésauriser, bâtir, n'en sont qu'appendicules et adminicules pour le plus. » J'aime cette phrase sur la vie, qui la rend plus juste et très personnelle. Parler de la vie ainsi, sans parler de la mort, consiste à regarder un côté de la pièce sans jamais la retourner. Mais Montaigne disait aussi, de façon plus évidente, presque enfantine, que tous les jours vont à la mort et que le dernier y arrive : « [...] le but de notre carrière est la mort et le remède du vulgaire est de ne point y penser. Mais mieux vaut ruser avec cet ennemi qui attrape fuyant et poltron aussi bien qu'honnête homme. Apprenons à lui résister de pied ferme et à le combattre. Ôtons à cet intrus l'étrangeté dont il est affublé et qui lui donne un net avantage contre nous. Pratiquons-la, accoutumons-la, n'ayons rien si souvent en la tête que la mort. À tout instant, présentons-la à notre imagination et reconnaissons-la en tout visage. Puisqu'il est incertain où la mort nous attendra, attendons-la partout. La préméditation de la mort est préméditation de la liberté. Et celui qui a appris à mourir aura désappris à servir. Le continuel ouvrage de votre vie, c'est bâtir la mort » (*Essais*, I, 19. 1580).

Il y a quelques siècles, Montaigne décidait déjà d'accorder sa considération à la mort, et j'aime à penser que l'honnêteté avec laquelle il la regarde, la voit partout et la reconnaît en tout visage l'a aidé à mieux l'accueillir. Finalement, il la considère et lui présente ses hommages.

Il est évident de dire que nous allons tous mourir, d'une façon ou d'une autre, à un moment peut-être un peu attendu, mais pour la plupart surprenant, d'une façon douce ou pourquoi pas violente. Toutes les morts sont possibles et Montaigne a raison de nous inciter à voir la mort partout et à côté de chacun d'entre nous. Je m'interroge alors sur la façon d'aborder la mort : qu'est-ce qui nous fait si peur ? Comment appréhender sa propre mort ? Celle de nos parents ? La peine de nos proches qui traversent un deuil ? Comment se préparer à ce qui est certain mais inconnu ?...

Et si on abordait la mort avec politesse, ça donnerait quoi ? Plutôt que de la craindre, la regarder, plutôt que de vouloir la combattre, l'accueillir, plutôt que de l'insulter, la saluer.

Ma relation à la mort

J'ai toujours eu peur de la mort, mais de façon invivable. Petite fille, je pensais tout le temps à la mort, j'avais peur pour mes parents, j'avais peur de mourir, le concept de la disparition m'était insupportable, inconcevable, l'absence, le manque, tout ce qui allait de pair avec la mort m'était inadmissible. Je me rappelle sortir de mon lit, enfant, aller me réfugier dans les bras de mon père qui regardait la télé et lui dire que je ne voulais pas mourir. Être conscient de sa propre finitude aussi jeune n'est probablement pas vecteur d'insouciance...

Puis, adolescente, j'ai traversé toute une phase où j'étais obsédée par la mort, je faisais du spiritisme, je regardais des cassettes vidéo où l'on assistait à des morts réelles, je lisais des livres sur les expériences de mort, j'y pensais plus qu'il ne l'aurait fallu certainement.

En grandissant, c'est un peu passé, mais pas complètement non plus, et puis en janvier 2020, mon père a fait un arrêt cardiaque. Il sortait de chez le dentiste, à Nice, où il était allé se faire soigner une carie. Je venais de remonter à Paris avec ma mère pour passer un examen médical, ma sœur était à Paris aussi et mon mari était resté dans le Sud, avec notre second fils et mon père. À 17 h, le dentiste, qui est un copain de mes parents, m'appelle sur mon portable et me dit : « Florence, ton père a oublié ses clés de moto. » Mon père n'a pas de portable, il m'avait donné l'information, si papa les cherchait, je pourrais lui dire qu'elles étaient chez lui. Vers 21 h, ma mère m'appelle et me dit qu'elle n'arrive toujours pas à joindre Papa. On attend encore un peu et vers 23 h, toujours sans nouvelles, je demande à mon mari d'aller voir chez mes parents ; la lumière était allumée, la maison était vide. Pendant trois heures, nous avons cherché mon père à Nice, mon mari faisant des allers-retours entre le cabinet dentaire - en bas duquel la moto était toujours garée - et la maison, prenant tous les chemins possibles, regardant entre les voitures... De mon côté, j'ai appelé les hôtels et les hôpitaux. Mon père est resté introuvable. À 2 h, nous étions allés au bout de ce que nous pouvions faire.

À midi le lendemain, l'hôpital d'Antibes a laissé un message à ma mère. Elle a appelé Laurent, mon mari, tout de suite pour qu'il prenne le relais. N'étant pas membre de la famille, il ne pouvait pas avoir de nouvelles, il est donc allé directement à l'hôpital. Il a trouvé Papa dans le service de réanimation, intubé et endormi, calme et paisible. Il a ensuite vu un médecin qui lui a dit que mon père avait été placé en coma artificiel et qu'il était en état végétatif, que l'on ne pouvait rien dire quant à la suite. Ma sœur, ma mère et moi avons pris un avion et sommes arrivées à son chevet en fin d'après-midi.

Les médecins ont été à la fois clairs tout autant que violents. « On ne sait pas s'il va revenir, et s'il revient, on ne sait pas dans quel état il sera. » Papa était tombé sur la voie publique, il avait fait un arrêt cardiaque aux pieds d'une jeune pompier volontaire de 21 ans qui avait commencé à lui faire un massage cardiaque ; quelques minutes après, une autre femme, médecin, était arrivée, lui demandant d'appeler les pompiers ; ces derniers sont arrivés et ont choqué papa dans le camion, une fois, deux fois, à la cinquième et dernière fois, il est reparti. Ils l'ont emmené à Antibes où il y avait de la place en réanimation. Ainsi, grâce au courage et au sang-froid des deux femmes successives (nous avons réussi à en retrouver une grâce à un article dans *Nice-Matin*), mon père n'a pas subi de *no flow* - c'est-à-dire que son cerveau a toujours été irrigué, moins bien, mais toujours ; cette information était encourageante.

Plongé dans son coma artificiel, son corps devait pouvoir ainsi concentrer toute son énergie sur sa reconstruction ; il avait été refroidi, baissé en température artificiellement afin que son cerveau se concentre sur ses fonctions vitales. Nous étions mercredi, le samedi en début de matinée, les médecins commenceraient à le remonter en température et c'est à ce moment-là que nous saurions s'il reviendrait, et si oui, comment. Pendant les jours qui ont suivi, je me suis concentrée sur les affaires de Papa, ses employés, ses factures, ses fournisseurs, histoire de rester active ; et puis samedi vers 8 h, l'hôpital a appelé pour dire qu'ils commençaient à remonter sa température corporelle.

J'appelais toutes les heures pour avoir des nouvelles. Vers midi, toujours rien. L'après-midi s'est écoulé doucement et rien ne s'est passé, les médecins répondaient inlassablement à mes questions de la même façon : « On attend. » Mais je sentais bien que plus le temps passait, plus les chances que Papa revienne s'estompaient au fil des heures. Le samedi soir, rien n'avait bougé, pourtant il était remonté à 37,5 °C, la température corporelle qui aurait dû relancer sa machine. Nous avons dîné dans une atmosphère de plus en plus lourde. Avant de me mettre au lit, j'ai à nouveau appelé l'hôpital, mais toujours rien. Je me suis couchée en hésitant entre espoir et résignation. Mais peut-on se résigner ? Peut-on accepter ?

Écrire cela me rappelle l'histoire de ma marraine qui, jeune, avait été prise dans une avalanche à Val-d'Isère. Elle a ouvert les yeux et a vu de la neige partout, elle ne pouvait plus bouger. Rapidement, elle a réfléchi et s'est dit : « Je vais d'abord libérer mes doigts pour gratter la neige. » Au bout de quelques minutes, elle s'est rendu compte qu'elle avait mis une énergie de dingue pour ne libérer qu'une seule petite phalange d'un seul doigt... Elle a alors compris que l'entreprise était vaine et qu'elle n'y arriverait pas. Elle s'est résignée et a commencé à s'endormir, quand un chien d'avalanche l'a retrouvée. Elle a été sauvée et est sortie indemne de cet accident de ski. Qu'est-ce qui a fait qu'elle a accepté ? La taille du travail à fournir face au temps imparti et à l'énergie développée ? Qu'est-ce qui aurait pu me faire accepter, moi, que mon père pourrait ne pas revenir ? Le temps ? Les discours des médecins ? Il devait revenir presque douze heures auparavant, mais toujours rien.

En me réveillant pendant cette nuit-là, j'ai commencé à imaginer que j'avais perdu, que la mort avait gagné et que Papa ne s'en sortirait pas. Et s'il ne revenait pas ? Tout à coup, cette possibilité entrait dans mon champ de réflexions, cette impossible possibilité que j'avais pris soin de tenir éloignée de moi pendant les derniers jours. J'avais le sentiment d'être face à une porte, un seuil. Allais-je la franchir ? Derrière cette porte, il y avait la résignation, puis l'acceptation. J'ai toujours détesté le mot « résignation », je lui préfère mille fois « acceptation » ; la notion est tout aussi différente que celle qui sépare l'abandon de la séparation : le premier fige alors que la seconde permet de rester dans le mouvement. La résignation face à la mort aurait consisté à arrêter de la combattre pour ne plus souffrir, moi je commençais à la regarder en face, à l'appréhender, à comprendre que la vie serait différente.

Je ne dormais pas, ou peu, je me réveillais souvent, envahie par des souvenirs, des mains qui tenaient la mienne, des situations, des phrases, des rires, des blagues, je me rendais compte que la présence de mon père était déjà ancrée en moi, que j'étais pleine de lui. Puis j'ai commencé à me dire que c'était fini, qu'il ne reviendrait pas. Si tel était le cas, alors quel changement pouvais-je activer en moi pour faire face à cette nouvelle réalité de la meilleure façon ? Comment accepter ?

Allongée dans mon lit, j'ai imaginé que c'était possible, puis que ça arriverait et que ça deviendrait ma nouvelle réalité. Comme ça. C'était ainsi, il était tombé, avait 76 ans et partirait comme cela. Avais-je eu le temps de lui dire que je l'aimais ? Oui, mille fois oui. Avais-je des souvenirs avec lui ? Oui, mille fois oui. En avais-je eu assez de mon père ? Non. Mais en avais-je eu déjà plein ? Oui. Dans la nuit, j'ai dit à mon mari : « Je crois que c'est OK. Je crois que c'est OK pour moi s'il s'en va. Je crois que c'est OK pour moi parce que je suis remplie de lui, remplie de son amour, que j'ai mille moments en tête où nous avons parlé ; mille déclarations d'amour que je lui ai faites, des centaines de petits mots que je lui ai laissés, qu'il m'a écrits, des câlins, des engueulades, des balades du dimanche, c'est OK parce qu'il vit en moi et que j'en ai déjà eu plein. »

Qu'avais-je changé en moi ? Je ne sais pas vraiment. Pourquoi est-ce que j'accédais à cet état doux d'acceptation ? Je crois que c'est parce que je n'avais aucun regret. Je lui avais dit, je l'avais serré dans mes bras, j'étais suffisamment remplie pour tenir avec mes réserves et les transmettre à mes enfants jusqu'à la fin de ma propre vie.

De façon parfaitement surprenante, je me suis retrouvée presque apaisée, ou en tout cas en début de capacité de l'être, de pouvoir regarder sans colère la mort de mon père, d'accepter ce qui allait se passer, et je me suis endormie ainsi, au petit matin, triste, mais presque en paix.

Le lendemain, vers 6 h j'ai appelé l'hôpital et il n'était toujours pas revenu. Mes doutes se confirmaient et mon chemin continuait. La journée est passée avec mes nouvelles croyances qui se consolidaient et, vers 18 h, l'hôpital a appelé, il était revenu.

Comme un miraculé, il était là. Au début maladroit, grossier, désinhibé, puis au fil des jours, il est complètement revenu jusqu'à redevenir complètement lui, entièrement lui, rien que lui. À l'heure où j'écris ses lignes, il est là, présent, il va à son atelier à moto tous les jours, il n'a aucune séquelle et vit chaque jour de bonus comme un cadeau. Il n'a pas vu de lumière, ne se souvient de rien, n'a rien entendu des concertos pour clarinette de Mozart que nous lui avons passés, il pense même parfois que nous romançons un peu l'histoire... C'est bien ça... Il est complètement revenu.

Alors, que retenir de cette confrontation avec la mort ? Qu'apprendre de l'avoir regardée de près et d'avoir décidé de la laisser venir si c'était le moment ? Peut-être que donner notre considération à celle qui viendra un jour nous prendre la main est une bonne façon de l'accueillir ?

Et si on était poli avec la mort ?

Et si on était poli avec la mort ?

Quelle étrange question, n'est-ce pas ? Étrange ? Certainement, pour nos sociétés actuelles, qui repoussent les limites de la fin et ne regardent jamais longtemps dans cette direction ; mais habituel en revanche au XVe siècle, après le passage de la peste noire qui fait tranquillement 200 millions de morts à travers le monde. Tout le monde étant concerné, la mort n'a épargné personne, et le climat est encore morbide lorsque sort un livre sur le savoir-mourir ou l'art du décès, *Ars moriendi* en latin. Ce livre reprend en six chapitres tout ce qu'il faut savoir sur la mort pour tous ceux qui n'ont jamais osé le demander. Ainsi, au fil des pages, l'on découvre les bons côtés du décès ; les tentations qui assaillent toujours le mourant et comment s'en défendre ; les sept questions à poser au mourant ; des conseils pour les proches et la famille, puis les prières qu'il convient de prononcer pour le mourant.

Ce qui est passionnant à la lecture des *Ars moriendi*, c'est d'abord de voir que les tentations du début du XVe siècle sont intactes et qu'en 2024, notre rapport à la mort, s'il est plus discret, moins évident, reste néanmoins le même. Les cinq tentations visées au XVe siècle sont devenues les cinq phases de la mort décrites si souvent par les médecins qui travaillent sur les réactions face aux diagnostics de maladies en phase terminale.

Ainsi, l'orgueil, l'avarice, l'impatience, le désespoir et la foi ont laissé la place au déni, à la colère, au marchandage, à la dépression et à l'acceptation.

La foi du Moyen Âge inspire le chemin de l'acceptation du XXIe siècle et promeut une réconciliation avec la vie, avec soi-même et avec les autres. Pas de regrets, pas de rancœurs sur les erreurs passées, sur les mauvais mots ou les absences, il ne reste plus que la lucidité et cette capacité à être en paix avec la réalité.

Ces voies qui permettent de réfléchir à notre rapport à la mort sont évidemment personnelles, mais elles peuvent aussi parfois relever du bon sens. Ainsi, je crois profondément qu'il ne faut pas nier la réalité, mais bien au contraire regarder avec considération ce qui va nous arriver afin d'adopter un comportement juste, pour soi, mais aussi pour les autres. Réfléchir à sa propre mort, tant qu'il est encore temps, est une réelle chance, qu'il convient de saisir pour en parler, préparer, anticiper, imaginer et mettre en scène ce qui demain sera une réalité.

Quand on a la chance d'avoir du temps

Personne ne sait, et c'est bien ce qui fait le piquant de la vie, n'est-ce pas ? Personne ne sait, mais certains n'auront pas le temps, ne verront rien venir, alors que d'autres sauront et pourront avoir le temps de... Le temps de quoi ? Le temps de préparer, le temps de parler, le temps de penser et la chance de pouvoir effacer peut-être quelques regrets. Les étapes du deuil, pour soi, pour ses proches, sont très personnelles : certains suivront l'ordre établi par les *Artes morendi* ou par les codes des maladies en phase terminale, certains sauteront les étapes et d'autres encore mélangeront les émotions. Mais avoir du temps est une réelle opportunité d'ouvrir les yeux sur ce que la vie a été, de barrer la route au mensonge et de s'éveiller à l'amour qui nous habite. Avoir le temps de mourir est ainsi une profonde chance de se réconcilier avec la vie, avec soi-même et avec les autres. Se voir partir est en quelque sorte une ultime expérience d'un regard sur soi et sur ce qui a été accompli, sans jugement moral, poser les armes et arrêter les combats pour profiter de la possibilité encore offerte d'établir ou de rétablir des relations d'amour et de paix. Promettre ne sert plus à rien, la limite est atteinte, il est ainsi temps de construire le souvenir que nous laisserons dans le cœur de ceux avec qui le lien s'est construit. Quand on a la chance d'avoir du temps, c'est qu'il faut saisir la parole, saisir la plume et dire. Convoquer ceux qui ont compté, écrire à ceux qui sont plus loin, penser à tous ceux qui ont traversé sa vie, jalonner le chemin et se souvenir de tout ce qui a été fait de bien.

Quand on a la chance d'avoir du temps, la politesse nous invite à :

- demander pardon ;
- accorder son pardon ;

- dire je t'aime.

Cette possibilité est offerte à tous ceux qui sont jeunes et en bonne santé, à tous ceux qui sont plus vieux mais qui ont toute leur tête, à tous ceux qui peuvent, dès aujourd'hui, anticiper, prévoir et s'accorder la politesse d'accueillir la mort dans de bonnes conditions tout autant que d'avoir la délicatesse de préserver leurs proches et leurs descendances de gérer des affaires très personnelles. En effet, il m'a toujours semblé d'une réelle grossièreté de ne s'occuper de rien, de partir du principe que nous laisserions ranger et décider nos enfants - si l'ordre de la vie nous offre la chance d'être respectés - alors même que nous pourrions avoir l'opportunité d'aborder les sujets autrement. Faire que la mort ne soit plus taboue, à l'image de Montaigne, la voir à nos côtés et l'avoir dans notre quotidien, permet ainsi de ne plus la craindre et, une fois encore, de pouvoir la traiter avec considération. Il sera ainsi élégant de poser quelque part ses dernières volontés, de choisir *a minima* la façon dont on souhaite être traité après sa mort et un lieu de sépulture où ceux qui nous aiment pourront venir nous rendre visite. Évidemment, le mieux sera de tout préparer, choisir son cercueil, la musique que l'on aime et que l'on voudrait entendre jouer le jour de ses obsèques, la tenue que l'on voudrait porter pour rejoindre notre dernière demeure, prévoir d'acheter un caveau et avec qui nous voulons y rester ; en parler avec ses parents, ses frères et sœurs, ses enfants assurément.

À ce titre, nous étions dans notre maison en Corse l'été dernier. Dans le village, ils ont agrandi le cimetière. Quelques caveaux devenaient donc disponibles et, à l'initiative de mon mari, nous avons décidé d'acheter une concession et de faire construire un caveau, notre caveau. Étrange d'y penser ? Et pourquoi pas ? Anticiper la mort ne la fait pas venir plus vite, n'est-ce pas ? Et nous avons décidé que nous ne serions que tous les deux dans notre dernière demeure, pas de frère ni de sœur, pas de parents et pas d'enfants. Pas d'enfants ? Non. Je leur souhaite de trouver l'amour de leur vie et de vouloir rester ensuite avec leurs partenaires, dans de très, très nombreuses années...

Anticiper sa propre mort permet de choisir ce qui nous plaît, d'avoir la charge de beaucoup de choses qui seront excessivement lourdes à porter par ceux qui restent, mais permet aussi, je le crois, de rester créatif et joyeux, d'arborer ces sujets particuliers comme des projets, des projets de vie et d'après, qui nous survivront. Se considérer comme actif et partie prenante permet de réaliser une certaine mise en scène et par là même, de se projeter sur ce que seront sa fin et sa dernière demeure. « On s'en fiche bien pas mal, on est mort », pourraient dire certains. Oui, c'est vrai, on est mort, mais ce n'est pas parce qu'on est mort qu'il faut devenir grossier. C'est ainsi d'une grande délicatesse de prévoir l'esthétisme de sa propre mort afin de soulager les proches et d'en faire profiter les autres. Regardez le plaisir réel qui existe de se balader dans les cimetières, surtout en Italie, où les décorations et les mises en scène, nombreuses, rendent la visite et la déambulation plus agréables ; prendre soin de sa dernière demeure est aussi une façon de rendre hommage à la vie, tout en respectant la mort.

De mon côté, je me suis même prise au jeu de travailler une sculpture de gisant. Les gisants sont ces sculptures funéraires de l'art chrétien représentant un personnage couché dans une attitude béate ou souriante, comme un élément principal de décoration d'un tombeau. J'imagine ainsi que nous continuerons de nous tenir la main, même après la mort. Et j'espère qu'en regardant la fin, j'épargnerai à mes enfants cette charge afin qu'ils n'aient qu'à vivre leur peine, ce sera déjà bien suffisant.

La peine : à graduer et à vivre

Préparer sa mort permet aux survivants de n'être que tristes, les épargnant ainsi de gérer les tâches administratives, les choix délicats et, je le souhaite, les protégeant aussi de se disputer ou de se déchirer sur telle ou telle décision à prendre. N'être que triste peut ainsi être vu comme un luxe, que tout le monde devrait espérer pouvoir offrir à ses proches. La peine, la douleur, la tristesse sont des éléments indissociables de la mort, et il convient d'en parler. J'aurais deux commentaires sur la bienséance face à la peine.

La première chose est de faire preuve de graduation et de discrétion

Face à la mort, tout le monde se sent touché, chacun d'entre nous avait une histoire, un lien, une anecdote, un souvenir à partager ; pourtant, en fonction des circonstances, force est de constater que la juste place doit l'emporter sur l'émotion et la retenue sur le manque d'à-propos. Ainsi, quand un ami proche perd un parent, ce qu'il faut offrir en priorité, c'est du temps, de la disponibilité, de l'écoute et de l'amour. Il faut ainsi veiller à graduer sa peine face à celui qui traverse le deuil. J'ai de nombreuses fois entendu : « Je suis tellement triste », alors même que c'est la personne endeuillée qui porte la tristesse. Votre peine est réelle, certainement, mais que dire alors de celle qui vient de perdre un proche ? La politesse voudrait que l'on soit discret, mais plus que tout, disponible et à sa place.

Au téléphone, en fonction de son degré de proximité avec la personne qui traverse un deuil, vous pourrez dire simplement :

- « Je suis avec toi. »
- « J'imagine à quel point tu dois être triste. »
- « Je suis là si tu as besoin. »
- « As-tu besoin que je t'accompagne aux pompes funèbres ? »
- « En quoi puis-je t'aider ? »
- « Voudrais-tu que je m'occupe des enfants quelque temps ? »
- « Puis-je prendre ton chat ou ton chien pour te soulager ? »
- « Est-ce que cela t'aiderait si je passais prendre ton père ou ta mère le jour des obsèques ? »

L'organisation administrative est lourde, il ne faut pas avoir peur de proposer son aide, être en disponibilité, en toute simplicité, aider, être présent, car en face de soi, la peine est réelle, le deuil commence et c'est bien de ce côté-là qu'est la douleur. Trop souvent, les gens ne se retiennent pas, éclatent en sanglots, et il n'est pas rare d'avoir un ami consolé par celui qui traverse le deuil. Scène inversée et pourtant réelle ; il convient de se comporter avec justesse et délicatesse..., avec politesse.

Mais que dire alors à la personne endeuillée ? Comment l'accompagner au mieux ?

La seconde chose est de s'autoriser et autoriser à vivre la peine

D'abord, il faut écouter, être présent, peut-être juste dans le silence, mais être là... Parfois tenir la main vaut mieux qu'un discours maladroit.

Il est aujourd'hui habituel d'aller de l'avant, de faire face, de repartir au travail et de se remettre en selle. Pour quoi faire ? Pour nier ? Pour ne plus y penser ? Parfois, quand je suis trop angoissée le soir, au lieu de m'allonger les yeux fermés ou de prendre un livre, je m'enivre avec Instagram, ces vidéos de chats et de danse qui s'enchaînent sont comme une drogue douce qui empêche de réfléchir, comme une perfusion que l'on injecterait directement dans le cerveau, un somnifère qui altère la réalité, ralentit la pensée et permet de rester béatement simple d'esprit. Ne pas regarder la peine, vouloir impérativement combler le vide et annihiler l'absence revient à saboter son deuil et à passer à côté de la peine. Cette tristesse est comme la dépression, comme la mort, ce n'est pas correct de la rencontrer ni d'en parler, encore moins de la vivre, il convient juste de la gérer, comme un projet, puis de la traverser, comme une épreuve de la vie, voilà tout.

En 2017, tous les piliers qui constituaient ma vie se sont effondrés l'un après l'autre, tout a basculé et je n'ai eu de cesse pendant les semaines d'effondrement et les mois qui ont suivi de me relever, de repartir au combat et de faire comme si de rien n'était. Deux éléments ont déclenché ma prise de conscience. Un de mes proches collaborateurs m'a dit un jour au bureau : « Boss, on est avec vous, on pourrait tout aller conquérir, mais vous n'êtes plus là, vous donnez une direction puis vous disparaissez, ça ne peut plus fonctionner comme ça. » Puis, quelques jours après, mon mari m'a dit : « Au rugby, quand tu prends un gros coup sur la tête et que tu es sonné, tu dois rester à terre, si tu te relèves tout de suite, tu risques de retomber et de ne plus te relever. » N'étais-je plus capable d'avancer ? C'était un autre contexte, mais non, je n'étais plus capable d'avancer.

Alors quand la mort s'invite, la peine arrive... Et il faut vivre sa peine. Mais vivre sa peine, ça veut dire quoi ? Probablement être triste tout simplement et l'accepter, et plus vraisemblablement l'assumer, intimement et publiquement.

La peine peut ainsi entraîner de la léthargie, de la fatigue, des envies de pleurer, soudaines et parfois incontrôlables, une diminution de l'appétit ou alors des crises de boulimie, des problèmes de sommeil, des difficultés à se concentrer ou même des douleurs corporelles. C'est ainsi, et je ne suis pas partisane de la lutte contre ces phénomènes. Je dirais alors que la politesse face à la peine consiste à simplement accepter de ne pas avoir envie, mais aussi :

- considérer qu'il est normal d'être triste ;
- être indulgent avec soi ;
- écouter les musiques qui rendent tristes parce qu'elles rappellent le défunt ;
- dire tout simplement que l'on ne peut pas ;
- rester chez soi à pleurer ;
- pleurer encore, même de façon inattendue ou inopportune ;
- voir seulement les gens qui nous font du bien ;
- ne pas faire si on le peut quand il n'y a aucune motivation ;
- ne pas prendre de décisions tout de suite quand on ne s'en sent pas capable ;
- ne pas forcer les collaborations ou les interactions sociales.

Il est ainsi fondamental de vivre sa peine, de reconnaître son état de tristesse, de mélancolie parfois même, et d'accepter que pendant un certain temps, le quotidien soit jalonné d'émotions et d'autres réactions tout à fait normales. Vivre sa peine permet de reprendre goût à la vie, tranquillement, à son rythme. Vivre sa peine offre ainsi l'opportunité de ne rien négliger, de prendre le temps qu'il faut et de vivre à nouveau, différemment, mais encore.

L'annonce du décès

Dans les règles de l'art, l'annonce du décès se fait par voie postale ou par téléphone, par parution d'annonce dans le journal également. Il convient de donner le nom de la personne décédée, la date du décès, la date, l'heure et le lieu des obsèques qui pourront avoir lieu dans la plus stricte intimité ou pour lesquelles il pourra être précisé des particularités sur la couleur des fleurs ou la couleur des habits des personnes présentes, par exemple.

Les faire-part de décès doivent être envoyés au plus vite aux proches pour les convier à l'enterrement, et aux personnes les plus éloignées ou aux simples connaissances dans les quinze jours qui suivent le décès. On pourra écrire à l'encre noire, utiliser un carton de correspondance orné d'un contour noir ; mettre un mot personnalisé aux personnes qui auraient pu être désignées par le défunt. Aujourd'hui, les messages instantanés tel WhatsApp font que la réalité des annonces des décès sont toujours plus rapides que les cartons de correspondance, cela ne fait aucun doute, pourtant, aussi désuet que cela puisse paraître, prendre le temps d'écrire peut aussi faire partie du chemin de deuil. L'annonce du décès sur les réseaux sociaux constitue à mon sens une nouvelle façon d'appréhender la mort, de la dématérialiser encore un peu plus... Car traverser un deuil ne s'est pas encore vraiment fait à travers les décomptes des RIP et autres cœurs noirs.

Quand on est en face d'un ami qui nous apprend le décès d'un de ses parents, par exemple, on reste souvent sans voix. Que dire, que faire, comment ne pas avoir l'air bête tout en voulant montrer de la compassion ? C'est ici que des phrases simples peuvent aider, des phrases justes, humaines, remplies d'amour et pourtant à leur place. Ainsi, on pourra imaginer :

- « Je partage ta peine, je suis là pour toi si tu en ressens le besoin. »

- « Je suis triste pour toi, dis-moi si je peux faire quelque chose. »
- « J'entends ta détresse et tu peux compter sur ma présence dans les jours et les semaines à venir. »
- « Je t'écoute et je compatis, je suis désolée que tu aies à traverser cette douleur, je suis à ta disposition si je peux t'aider. »

Parfois, on pense que ne rien dire, laisser tranquille ou laisser faire sont les meilleures façons d'être aux côtés des gens qui sont dans la peine. Je pense qu'il convient surtout de proposer son aide et par la suite d'être présent, en envoyant des pensées de temps en temps, en allumant des cierges ou des bougies, en manifestant d'une façon douce sa présence. Un simple message « Je pense à toi » fait souvent plaisir à la personne qui souffre, une pensée vaut toujours mieux qu'un silence. Quant à ceux pour lesquels tout cela est trop compliqué, la vérité sera la meilleure alliée : « Je suis sincèrement désolée, mais je préfère te laisser avec ta famille dans ces moments douloureux, je t'appellerai dans quelque temps. »

La préparation des obsèques

L'idéal est que le défunt ait préparé ses obsèques. Eh oui, quel confort pour celui qui est mort et quel soulagement pour ceux qui restent ! Tout a été pensé, tout a été payé, tout a été anticipé, il n'y a plus qu'à suivre les souhaits et les dernières volontés. Si rien n'a été préparé en amont, alors il faut *a minima* respecter ce que l'on croit être les dernières volontés du défunt ; en parler avec ses proches, la famille. Quelqu'un était-il au courant de quelque chose ? Un notaire ? Un ami ? La personne décédée souhaitait-elle une messe ? Croyait-elle en Dieu ? Voulait-elle être enterrée ou incinérée ? Voulait-elle être dans un cimetière particulier ? Si rien n'a été prévu, alors le bon sens voudrait qu'une cérémonie religieuse ou laïque soit organisée afin de permettre aux proches et connaissances de se retrouver et de se recueillir, puis de choisir un lieu de sépulture afin que l'on puisse rendre visite et aller fleurir la tombe de celui qui est parti. Choisissez une tenue que le défunt aimait, une tenue qu'il affectionnait particulièrement - les codes voudraient que la tenue soit sobre, je vous dirais plutôt de choisir avec votre cœur. Ma grand-mère niçoise, Adèle, a été enterrée avec sa petite robe rouge qu'elle aimait, elle lui allait bien, ma mère ne l'aurait pas vue dans une autre tenue. À ses obsèques, nous avons mis une chanson d'Édith Piaf, tout cela lui correspondait, c'était en cohérence avec sa vie. Voilà ce qui compte.

Lors des funérailles

Vous allez certainement trouver ça bizarre, mais j'ai toujours trouvé que les funérailles étaient un moment de paix et d'amour. De façon presque inattendue, il y a dans l'air, le jour des obsèques, un esprit de trêve qui règne, comme si la peine obligeait une certaine paix, comme si la perte d'un être cher tordait le bras aux conflits. Face à la mort, tout le monde est perdant, alors ne serait-ce que l'instant d'une cérémonie, face à celle qui nous rassemble tous tôt ou tard, tout le monde s'accorde, tout le monde s'aligne. Et puis les obsèques sont comme les mariages, l'occasion de revoir ceux que l'on n'a pas vus depuis longtemps, les personnes qui habitent loin ; chacun vient conjurer le sort et porter ses hommages, une dernière pensée, une communion pour son salut. Les obsèques sont ainsi des moments de partage, de symbiose et de paix humaine, comme des parenthèses à l'intérieur desquelles il convient d'être à sa place, humble face à la mort et en empathie avec les vivants.

Mon père ne va jamais aux enterrements, il déteste ça ; il est allé à celui de son frère aîné, mais à aucune des cérémonies organisées pour les obsèques de ses amis. Pourtant, c'est indélicat de ne pas se rendre aux enterrements auxquels on a été invité personnellement. Ce serait mal venu de ne pas venir, sauf si l'on en a parlé avec les proches et que l'on s'est expliqué formellement avant.

La politesse veut que l'on porte une tenue sombre, noire de préférence, à moins que la famille ait demandé de porter une couleur particulière. Le noir est en Occident la couleur du deuil depuis le XVIe siècle, avant on pleurait ses morts en blanc - pour célébrer le passage vers la lumière -, comme en Inde ou au Japon encore aujourd'hui ; en Chine, on porte du rouge et en Iran, du bleu. Chaque pays a ses coutumes et chaque couleur ses significations. C'est en 1495 qu'Anne de Bretagne décida que les gens seraient vêtus de noir pour les obsèques de son jeune enfant, en souvenir de sa Bretagne natale, et de la terre noire de là-bas. Marie Stuart fut la dernière reine blanche et Anne de Bretagne la première reine noire. Le noir est ainsi assimilé aux ténèbres, aux souterrains, aux origines et à la terre. Pourtant, cette couleur est difficile à obtenir et peu de teinturiers s'y aventurent, car le noyer, à la base de la couleur, est rarement cultivé, presque dangereux et nocif. Au XIXe siècle, les périodes de deuil s'allongent et les femmes doivent, au moins pendant une année, être vêtues chaque jour de noir. Ainsi, des catalogues de tenues de deuil se développent, des marchés de mode dédiés aux robes noires également. Aujourd'hui, le noir est devenu chic, mais reste synonyme de sobriété et de discrétion, et en cela, il reste de bon ton pour des funérailles.

Si le défunt est un proche, on suit le convoi depuis l'église jusqu'au cimetière pour assister à la mise en terre ; sinon, il convient de partir après la cérémonie religieuse si elle a eu lieu. Les hommes marchent en avant du convoi et les femmes suivent derrière, des voitures de deuil peuvent être également commandées pour accompagner les personnes présentes.

Les funérailles sont ainsi la dernière occasion de rendre hommage à une personne qui faisait partie de notre vie, que l'on connaissait, qui comptait de près ou de loin. Cette journée est aussi le moment pour faire part aux proches de son soutien, par sa présence et sa compassion. Pour les membres de la famille, c'est un moment important au cours duquel l'appui et la présence sont fortement appréciés.

Les condoléances

Il y a une chanson sublime de Benjamin Clementine que je vous invite à écouter, dont le nom est simplement *Condolence*, «condoléances» en anglais, où la musicalité est formidable, sa voix envoûtante et dans laquelle il présente ses condoléances à la peur et aux insécurités. Il va sans dire que celles que nous évoquons ici se doivent d'être présentées aux proches endeuillés et qu'elles auront, à ce titre, plus d'une importance. Les étymologies sont toujours formidables et rarement décevantes, et c'est bien le cas pour le mot «condoléances», qui vient de *dolere* en latin, «souffrir, avoir de la peine» et de son préfixe *cum* qui signifie «avec». Littéralement, donc, «souffrir avec, partager la peine, prendre un petit morceau de la douleur, lécher le sel des larmes». Il y a mille façons de présenter ses condoléances et ainsi de s'associer à la souffrance de la perte d'un être cher.

Pendant les obsèques, la famille est placée en rang, à côté du cercueil, et la personne la plus proche du défunt est au plus près de la dépouille. À la fin de la cérémonie, il convient d'attendre dans le calme, en silence et parfois en faisant la queue, d'aller présenter un mot aux proches, une main tendue, un baiser, un regard soutenu. Il pourra arriver que la famille ne veuille pas recevoir de condoléances, pour des raisons qui leur seront personnelles, et alors un recueil sera déposé à l'entrée de l'église ou du lieu de cérémonie pour que chacun puisse y laisser un mot.

Après la cérémonie

Mon amie Anne a perdu son père il y a deux ans, en plein été. Il était évident qu'au beau milieu du mois d'août, nous étions tous dispersés aux quatre coins de la France et elle a eu cette délicatesse de nous demander de lui adresser un mot, une lettre, une carte, une pensée écrite, pour lui témoigner notre amour et notre soutien. Sa prévenance palliait ainsi les potentielles absences des uns et des autres. La présence aux obsèques est une évidence, pourtant, il peut arriver d'être dans l'incapacité d'y assister. Après la cérémonie, le deuil débute, la réalité de l'absence commence et c'est encore à ce moment-là, assurément, que le soutien devient essentiel. Voici quelques façons de montrer sa présence et son soutien :

- envoyer un bouquet de fleurs au domicile est une belle façon de montrer son soutien et de marquer des condoléances – il faudra bien penser alors à le faire placer dans un vase pour ne pas charger la famille endeuillée et déranger au minimum la personne, dans la peine, qui le recevra. Ces fleurs seront principalement rouges ou violettes pour un adulte, roses ou blanches pour un enfant ;
- écrire un mot est également une autre façon d'assurer de son soutien. Il est des situations où la douleur de l'autre peut parfois être difficile à affronter. Une carte, un poème, un mot rédigé, une photo retrouvée et imprimée, un souvenir, quel que soit le geste choisi, l'intention sera la bonne ;
- rendre visite, une semaine après les obsèques – c'est le délai de politesse qu'il convient d'attendre –, et venir tenir compagnie. Cette expression n'a jamais aussi bien porté son nom. Tenir compagnie, parfois dans le silence, dans la conversation, dans le souvenir du défunt, dans des histoires à raconter, rester à l'écoute des demandes, des non-dits, soyez disponible, vous ferez bien.

Le deuil

Le nombre de jours de RTT correspondant au deuil des personnes perdues aurait-il remplacé les codes et les étiquettes des siècles passés ? Estimer le nombre de jours d'absence au travail est-il une évaluation de la gradation de la peine ? Trois jours de récupération pour la perte de son père ? Trois jours pour la perte de son frère ? Mais rien pour son oncle ? Évidemment, tout cela est absolument abstrait et ne correspond pas à grand-chose de la réalité que vit chacun. Pourtant, il faut bien considérer que de la même façon que face à la mort, des étapes, codifiées ou non, sont essentielles pour avancer et reprendre le cours de sa vie. Au XIXe siècle, trois phases de deuil étaient codifiées : le grand deuil, qui devait durer six mois, le deuil ordinaire, et le demi-deuil qui commençait à partir du neuvième mois et allait jusqu'au douzième mois, où le deuil cessait, officiellement, pour de bon. Ces temps longs avaient notamment pour effet de préserver le patrimoine. À ce titre, je me plais à vous raconter que les femmes dont les défunts maris étaient fortunés devaient rester enfermées, ou tout du moins sous surveillance, pendant plusieurs mois et ce afin de s'assurer qu'elles n'étaient pas enceintes. Ainsi, à défaut de test ADN, un bon vieux confinement permettait de s'assurer que le patrimoine irait bien, dans le cas d'une grossesse, à l'héritier du défunt et pas à l'enfant du voisin, potentiel amant caché attendant patiemment... Mais si ces délais, de bon sens bien sûr, sont inutiles aujourd'hui, quelle est la durée d'un deuil ? Combien de temps doit durer le deuil ? Faut-il le porter ? Faut-il s'y identifier ? Faut-il le garder pour toujours comme un hommage, une volonté de mourir un peu aussi ? Je n'ai pas la bonne réponse et je pense que chacun fait comme il veut peut-être, mais comme il peut surtout. J'ai vu des femmes fidèles à leur mari disparu, j'ai vu des hommes refaire leur vie ; j'ai vu l'inverse et le contraire...

Parfois, je parle avec mon mari de nos morts respectives : « Que ferais-tu si je venais à disparaître demain ? », alors que nous sommes encore jeunes. Il me l'a dit plusieurs fois : « Je retrouverai quelqu'un avec qui partager, pour faire des choses, discuter et passer du bon temps. Toi aussi tu devras faire de même. » Évidemment ce sera différent, mais ce sera bien quand même. Un couple d'amis, tous les deux veufs, ayant perdu chacun l'amour de leur vie, vivent ensemble, passent du bon temps ensemble, mais quand ils parlent de leurs femme et mari respectifs, dans leurs yeux, c'est écrit que l'amour était là, que le grand amour est parti ; pourtant, ils ont choisi la vie et en choisissant la vie, ils prennent du plaisir, s'amusent et ont trouvé une nouvelle forme de bonheur.

Il me semble plus facile d'imaginer, plutôt qu'un deuil impossible, un deuil avec lequel vivre. Avancer encore dans la vie, continuer de rire et de s'amuser, jouer, danser, faire l'amour, vivre encore, mais garder au fond de son cœur le deuil, le *dolore*, la douleur de celui qui est parti. Ce ne sera ni mieux, ni moins bien, ce sera juste différent.

La relation au défunt après sa mort

Une pensée, une prière, une bougie allumée, une balade, des lettres ; quelles relations entretenir avec son défunt après la mort ? J'aime à penser que les morts nous regardent et veillent sur nous - c'est quand même plus sympa que de croire qu'ils sont redevenus poussière et qu'il n'y a plus rien. Blaise Pascal nous le dit bien sûr, il faut parier, il faut y croire, on a tout à y gagner.

Je crois personnellement que ne plus parler des morts est une façon de les enterrer une seconde fois ; je suis partisane de les faire vivre, d'en rire, de les rappeler à notre quotidien, de parler d'eux, de leur parler même, bref, de vivre avec eux, tout simplement de ne pas les laisser de côté.

Ma belle-mère, Dany, qui était une femme délicieuse, est morte il y a plus de vingt ans maintenant. Nous sommes allés lui annoncer sur sa tombe notre mariage, puis nous lui avons présenté notre enfant, nous allons la voir assez souvent, lui parler et fleurir sa tombe. À Noël, nous lui achetons chaque année un petit arbre sur lequel nous accrochons deux ou trois boules - elle adorait Noël -, à Pâques, à la Toussaint bien sûr, et puis parfois sans occasion, juste comme ça. Nous nettoyons sa tombe, nous en profitons aussi souvent pour nettoyer celle des voisins, nous discutons, nous restons là, juste comme ça. Cette visite au cimetière, nous la faisons désormais avec nos enfants, qui ont grandi, nous leur parlons de leur grand-mère qu'ils n'ont jamais connue, nous allons acheter des fleurs pour elle avec eux, nous parlons d'elle et cela contribue à la faire vivre.

Quand la personne est partie, que reste-t-il d'elle ? Des souvenirs bien sûr, de l'intime évidemment, mais comment continuer à la faire vivre ? Je suis une grande partisane de la vie à travers la parole ; je crois sincèrement qu'il faut faire vivre nos morts en en parlant, en racontant des anecdotes, en riant, en les conviant à nos moments de vie, de célébration. Lors d'un dîner de Noël, avant de passer à table, par exemple, ayez une pensée pour ceux qui sont partis, parlez d'eux, conviez-les à table avec vous. Pensez surtout à vos enfants, à ceux qui ne les ont pas connus, vous êtes un peu le garant de la transmission, en racontant des histoires drôles, des événements qui ont été vécus par eux, par vous avec eux, vous verrez que la jeune génération reprendra le flambeau et continuera de les porter avec eux. Vivre avec ses morts, c'est d'une certaine façon la chance de les garder encore avec nous.

DÈS DEMAIN

Dès demain, pensez calmement à votre mort ; faites l'exercice, n'ayez pas peur, n'oubliez pas que vous ne mourrez pas plus vite pour cela. Posez-vous quelques questions et parlez-en à un proche, un ami. Partagez vos envies, ou vos doutes ; tout doucement.

LES CADEAUX : QUE VIVE LA CRÉATIVITÉ

Ce qu'il y a de plus excitant dans l'acte d'offrir un cadeau, c'est l'avant. Les moments qui consistent à réfléchir, à penser à l'objet ou à la mise en scène, à se creuser la tête pour être encore et toujours plus incisif et percutant dans la justesse du choix du présent. Car tout l'objet du cadeau est bien là : être le plus juste possible pour faire plaisir.

En effet, un cadeau n'est pas une démonstration de force, un cadeau n'est pas non plus un étalage de ses moyens financiers, et il consiste encore moins à l'offrande de ce qui nous fait plaisir.

L'essence même du cadeau réside dans la parfaite justesse de son choix afin qu'il touche au cœur de celui qui le reçoit, peu importe le prix, peu importe l'objet, un cadeau est un acte d'amour altruiste qui existe avant tout pour faire plaisir à l'autre.

Quand on a dit ça, il est beaucoup plus simple de comprendre qu'un cadeau réussi n'est pas forcément cher, pas obligatoirement difficile à trouver ni nécessairement rare, il est juste l'intelligent reflet de l'écoute que l'on aura donnée aux souhaits verbalisés ou juste murmurés de la personne que l'on aime.

La politesse du geste

Je parlais il y a quelque temps avec ma sœur de l'importance du geste. J'adore cette notion un peu vieillotte du « geste ». Faire un geste, c'est étymologiquement l'attitude et le mouvement du corps. Moi qui suis une fervente admiratrice du mouvement comme moyen de salut de la vie, j'aime l'idée que le geste soit la réalisation d'un mouvement envers l'autre. Car cette parabole physique efface nécessairement la notion pécuniaire et fait du geste quelque chose de symbolique qui peut être gratuit.

Ainsi, faire un geste pour ceux que l'on aime, c'est prêter attention à eux, écouter leurs besoins et leurs envies, être à leur disposition et manifester son amour par de multiples petites attentions.

Aller déjeuner ou dîner chez quelqu'un en apportant un dessin, quelques biscuits cuisinés, du miel de ses ruches, des légumes ou des fruits de son potager, des œufs de ses poules, des fleurs du jardin... C'est l'intention d'avoir cueilli, d'être allé chercher ou d'avoir pris le temps de faire qui marquera l'importance du geste accompli et lui donnera toute sa valeur.

Même les gestes les plus simples que vous pourrez faire pour vos amis seront considérés comme des cadeaux, soyez généreux de votre temps et de votre personne, vous ne pourrez jamais le regretter.

Les enjeux de la créativité

Quoi offrir et à qui ? Pour quelle occasion ? J'aime l'idée d'offrir des cadeaux pour aucune occasion, juste parce que j'ai envie de faire plaisir. J'aime aussi l'idée des cadeaux utiles qui seront appréciés au quotidien par ceux qui les reçoivent. Parfois, quand je me rends à Paris, je dors chez mes amies ; la dernière fois, une de mes meilleures amies qui n'était pas là nous a laissé son appartement, à mon mari, nos deux garçons et moi, pour tout un week-end. J'ai noté que dans sa cuisine, elle n'avait pas de bouilloire mais juste une casserole pour faire chauffer de l'eau. Nous avons alors décidé de prendre le temps d'aller chez Smeg et de lui acheter une jolie bouilloire bleu ciel que nous avons directement branchée dans sa cuisine. Mon amie a eu la surprise en rentrant chez elle ; nous l'avions ainsi remerciée pour sa générosité tout en lui offrant un vrai cadeau utile dont elle se sert désormais au quotidien.

Les cadeaux sont aussi souvent la conséquence d'une bonne écoute. Je discutais l'autre jour avec Hugues, notre adorable facteur qui nous dépanne toujours et nous récupère même parfois le courrier à poster. Il me disait qu'il partait à Paris courir le marathon, nous avons alors parlé de la course à pied et j'ai découvert tous les marathons qu'il avait déjà courus à travers le monde, tous sous la fameuse barre des trois heures. Lorsque le moment des étrennes est arrivé, à la période de Noël, j'ai glissé dans notre boîte aux lettres un cadeau emballé à son attention, un joli livre sur les grands marathons du monde. Le lendemain, il m'a laissé une note : « Merci pour votre cadeau, qui parle de ma passion... » Juste en ayant donné de l'écoute, j'avais trouvé une jolie façon bien opportune de le remercier de ses gentillesses de toute l'année.

La créativité des cadeaux est souvent gratuite. Pour les 20, 30, 40 ou 50 ans de mes amis chers, j'adore par exemple acheter un joli carnet et écrire page après page les X raisons pour lesquelles je les aime. Chaque page est ainsi une attention particulière à un trait de leur caractère ou à un moment que nous avons vécu ensemble, c'est un cadeau qui ne coûte pas d'argent et qui fait toujours très plaisir. Si vous le faites pour votre femme ou votre mari, faites intervenir aussi vos enfants, demandez-leur pourquoi Papa ou Maman est formidable, les réponses délicieuses ne se font jamais attendre et c'est une façon de cristalliser dans un cahier l'insouciance magique de l'enfance.

Dedans dehors

Ne négligez jamais l'emballage, il est tout aussi important que le contenu. Si vous offrez un livre que vous avez lu et adoré, inscrivez une dédicace à la personne à laquelle vous l'offrez. Je n'accepte jamais un livre sans un petit mot de celui qui me l'offre. Quand vous faites un cadeau « fait maison », donnez-vous aussi de la peine pour l'emballage. Si c'est un pot de miel, réalisez une jolie étiquette et mettez un petit mot. D'une manière générale, trouvez toujours une façon de préserver l'extérieur afin que la surprise soit double, dehors et dedans !

Les fleurs

Comment passer à côté des fleurs, incontournables de la vie et de la politesse que nous lui devons ?! Les fleurs sont synonymes de tout, d'amour bien sûr, mais aussi d'amitié, de regret et de remords, de demande de pardon, d'excuse, de temps qui passe, de disparition, de naissance ou de simple pensée.

Les enfants peuvent offrir des fleurs à tout le monde, des petits bouquets de fleurs des champs ramassées au gré d'une balade aux bouquets plus sophistiqués qu'ils pourront acheter plus tard avec un peu de leur argent de poche.

Les femmes peuvent offrir des fleurs à leurs amies, mariées ou célibataires, mais jamais à un homme, cela ne se fait pas.

Les hommes enfin peuvent offrir des fleurs à toutes les femmes, mais en prenant soin de respecter les codes des couleurs représentant l'amour, qui ne seront pas opportunes si elles sont destinées à une femme mariée.

Pour un anniversaire, veillez à faire envoyer le bouquet le jour même de l'anniversaire et à adresser une note avec votre mot, vos pensées et votre nom. Il n'est pas improbable que cette personne reçoive d'autres bouquets ce jour-là, ce serait dommage qu'elle ne sache pas que les splendides pivoines roses viennent de vous.

Pour des funérailles, les fleurs seront adressées en respectant les codes qui auront été précisés par la famille du défunt, à l'église ou au lieu de culte directement ; veillez ici aussi à faire ajouter un ruban de deuil sur lequel vous pourrez écrire vos pensées et votre nom.

Pour un heureux événement, naissance, baptême ou autre fête religieuse, vous pourrez adresser les fleurs le matin de l'événement, au domicile ; vous choisirez des fleurs blanches de préférence, ou rose pâle.

Pour un dîner, n'arrivez pas avec un bouquet de fleurs, c'est un geste inadapté qui met la plupart du temps la maîtresse de maison dans une position inconfortable. Cette dernière sera sûrement encore en train de s'activer en cuisine ou dans le salon et devra s'arrêter de faire ce qu'elle fait immédiatement pour ouvrir le paquet, trancher la ficelle du bouquet, trouver un vase, couper les tiges et placer le bouquet dans son intérieur. N'adressez pas non plus de bouquet le lendemain pour remercier, on pourrait croire que vous avez attendu de vérifier la qualité des mets et des invités avant de remercier pour la bonne soirée que vous avez passée. Les fleurs s'adressent le matin même, au domicile de la maîtresse de maison avec un mot attentionné. Madame aura ainsi tranquillement le temps de préparer le bouquet, choisir le vase et placer le bouquet où elle le souhaite en le mettant bien en évidence pour qu'il soit vu le soir par vos soins et ceux de tous les invités.

Dernière chose... N'offrez jamais de chrysanthèmes... Dois-je vraiment préciser pourquoi ?

DÈS DEMAIN

Donnez-vous la peine de trouver un cadeau utile pour le prochain anniversaire d'un de vos proches, prenez bien le temps d'écouter ce qu'il vous dit, vous trouverez sans aucun doute une source d'inspiration inattendue. Et puis, offrez des fleurs, encore et toujours, pour de belles occasions et surtout pour rien.

LA TABLE

Les invitations

Elle est à la fois loin et révolue, l'époque où les invitations étaient lancées par écrit, au moins huit jours avant afin que tous les invités aient à la fois le temps de bloquer leur agenda et de répondre en renvoyant un carton prévu à cet effet.

Aujourd'hui, à tort ou à raison, les dizaines voire les centaines de groupes WhatsApp qui ont envahi nos téléphones servent de carton d'invitation, comme de lieu de prévenance de retard le soir même du dîner et d'albums photo dès le lendemain d'une soirée réussie qui aurait fini avec les invités dansant dans le salon sur des rythmes endiablés.

Quel que soit le chemin que vous décidez de prendre, considérez qu'il sera le bon. Ayez néanmoins la délicatesse de prévenir si un *dress code* particulier est demandé, si une couleur est proposée ou si vous vous embarquez dans un dîner « chasse » afin de vous assurer que tous vos invités mangent du gibier.

En fonction de la soirée que vous préparez, vous pourrez aussi imaginer des invitations plus délicates, et si c'est à l'occasion d'une fête ou d'un anniversaire, n'hésitez pas à laisser votre créativité parler et s'exprimer jusque dans le carton.

En ce qui me concerne, j'adore donner des noms à mes dîners ; évidemment pour les grandes occasions, Noël, Pâques ou autres commémorations, mais également à tout ce qui ne se fête pas et qui se doit d'être célébré. J'ai notamment fait un dîner de « Ça va mieux » il y a quelque temps déjà dont l'objectif était de célébrer, comme son nom l'indiquait, le fait que ça allait mieux !

Dans vos invitations, vous prendrez soin de donner votre adresse, le code, l'étage, mais aussi l'heure à laquelle vous attendez vos invités. Ni trop tôt - vous pourriez encore être en train de préparer - ni trop tard, l'horaire de 20 h est pour moi le plus agréable. Il permet de prendre le temps de discuter et de passer à table à 21 h, quand tout le monde est arrivé et que l'apéritif a été dégusté.

Les invités

J'adore mélanger et sortir de tous les cadres possibles et imaginables. D'ailleurs, à ce titre, je déteste la question de la cohérence d'un dîner ; à moins que ce dernier ait un objectif particulier, j'adore mélanger et asseoir à ma table des personnalités différentes, aux parcours dissemblables et aux trajectoires dissonantes. Ainsi, je n'ai jamais hésité à inviter un ami coiffeur de renom avec un directeur d'hôtel, un violoncelliste et un patron de magasins de pompes funèbres. Ce qui relie les gens est la joie, l'envie d'entreprendre et leur regard sur la vie ; quand ils ont cela en commun, n'ayez crainte de les assembler, quels que soient leurs terrains d'expression, ils se retrouveront sur l'essentiel.

Il peut néanmoins parfois arriver qu'il y ait des dîners à objectif. Par exemple, j'adore les dîners où je m'invente entremetteuse. Bien que je sois particulièrement mauvaise à ce jeu-là, j'ai toujours à cœur de prendre le temps et de proposer à mes amis célibataires de venir passer une soirée à la maison. Si votre idée est ainsi de créer un couple, alors soyez fin et ne conviez pas à votre table trois couples et deux célibataires, votre stratégie serait trop vite découverte. Soyez plus élégant et invitez votre amie célibataire, deux amis célibataires et un autre couple, par exemple. Noyez le poisson afin que personne ne puisse se dire en arrivant : « Je suis la seule célibataire, lui aussi, c'est sûr, elle a prévu de nous mettre ensemble... »

Enfin, alternez vos invitations à dîner entre amis sincères et de longue date et personnes que vous connaissez moins. Mais quoi qu'il arrive, ne craignez pas de mélanger, il en sort toujours des surprises inattendues qui valent la peine d'être vécues !

Le plan de table

Le plan de table est fondamental et quelle que soit la nature de votre dîner, il conviendra de vous donner la peine de le préparer. En effet, rien n'est plus inconfortable pour des invités que d'attendre autour d'une table sans avoir où s'asseoir ou pire, de s'asseoir là où ce n'était pas prévu si au cours de l'apéritif pris au salon ils avaient sympathisé avec Untel ou Unetelle.

Le plan de table devra être fait en fonction des affinités des uns et des autres et des volontés que vous avez de faire se rencontrer l'un de vos invités avec un autre.

N'hésitez pas non plus à disposer sur la table des porte-noms, que vous pourrez écrire à la main sur un carton de correspondance. C'est toujours une attention très appréciée, et dans le cas d'un grand dîner, une façon de se rappeler discrètement le nom de la charmante femme assise à votre droite.

Votre mari et vous-même devrez être assis au centre de la table, l'un en face de l'autre puisque c'est à partir de vous que se déroule le plan de table.

Quand vous êtes placés ainsi, il y a alors deux places d'honneur, à la droite de la maîtresse de maison pour un homme, à la droite du maître de maison pour une femme. Si vous avez des invités de marque, une personne qui vient de loin ou que vous n'avez pas vue depuis longtemps, c'est la place que vous devrez lui donner. Si rien de particulier ne vous aide à placer vos invités d'honneur, alors comme pour les présentations, référez-vous à l'âge et au statut social, ce sera toujours une piste d'orientation utile.

Par ailleurs, la femme et l'homme mariés sont toujours séparés à table, à moins qu'ils ne se soient unis dans l'année.

Enfin, que faire si vous vous retrouvez treize à table ? Afin de conjurer le sort, vous pourrez soit dresser un couvert pour le quatorzième invité, soit, dès le début du dîner, demander que personne – exceptionnellement – n'endosse pour ce soir le rôle de Judas en allant dénoncer à la police les vins qui auront été dégustés...

Avec ces précautions, tout devrait bien se passer...

La table

Contrairement à ce que l'on pense, il en faut peu... pour être heureux... et pour faire une jolie table.

À quoi tient une jolie table ? D'abord à l'attention, au temps et à la créativité que l'on y aura consacrés.

Commencez par la nappe ; elle ne doit pas glisser ni trop dépasser de chaque côté. Une retombée de vingt centimètres est suffisante, elle évitera que vos invités ne l'emportent quand ils s'assoient ou se lèvent. Vous pouvez aussi opter pour des sets de table ou dresser des chemins de table si vous êtes six par exemple, assis les uns en face des autres.

En fonction de la couleur que vous avez choisie, et si vous avez plusieurs services de table, jouez sur les teintes et mariez les assiettes entre elles. Ne soyez pas trop inquiet à l'idée de faire bien ou pas, les couleurs n'existent que parce qu'elles vivent ensemble et si vous vous en tenez à deux ou trois couleurs maximum qui font écho à celles de votre nappe, vous ne pourrez pas faire de faute de goût.

En ce qui me concerne, je suis totalement affranchie des strictes manières de décorer une table et je pioche presque systématiquement dans la nature ce qui inspirera mes compositions. Ainsi, à l'automne, pour un dîner de famille, je suis partie avec mon fils cadet dans la forêt à côté de la maison et nous avons ramassé toutes sortes de petit bois, mousse, feuilles jaunes, marron, violettes, des pommes de pin, des dizaines de marrons, quelques bogues et des morceaux d'écorce. Une fois rentrés, j'ai tout disposé au centre de la table, sur environ un tiers de la table, bien au milieu. Pas besoin de créer une vitrine Hermès, vous ne pouvez pas vous tromper, ce sera forcément joli. En hiver, par exemple, j'adore récupérer des épluchures d'agrumes et les disposer tout simplement en centre de table comme des guirlandes. La diversité des formes et des couleurs que nous offrent les arbres du jardin suffit largement à remplir l'esthétisme attendu d'une belle tablée entre amis.

Le menu

Le menu ne doit pas être une démonstration de force mais plutôt l'envie de gâter vos invités avec des mets délicieux.

Une règle d'or : vous ne cuisinerez jamais pour votre dîner un plat que vous n'avez pas essayé avant, les chances de se tromper sont trop importantes et il vaut mieux garantir un succès plutôt que de vous hasarder dans des zones gustatives obscures. Et si vous n'êtes pas une grande cuisinière, assurez vos arrières et optez pour un immense plat de pâtes plutôt que de vous perdre dans un saumon mariné aux deux baies...

J'ai ainsi une de mes très bonnes amies qui est une piètre cuisinière et qui pourtant se donne toujours la peine de préparer les plats de ses dîners des heures à l'avance. Ses principaux défauts ? Le premier, elle est trop ambitieuse, le second, elle n'arrive jamais à suivre la recette jusqu'au bout, c'est plus fort qu'elle.

Je me souviens d'un soir où nous avions dîné chez elle et son mari. Elle avait préparé en entrée un flan aux asperges présenté dans un plat à cake. Ce n'était pas très réussi. Quant au plat, c'était « un cheese-cake au saumon ». Je me rappelle m'être dit : « Mais je ne sens vraiment pas le goût du saumon. » Vers la fin de la soirée, alors que je l'aidais dans la cuisine, je me suis aventurée à lui dire que je n'avais pas du tout senti le saumon, et de l'entendre répondre : « Je sais, je n'en avais pas, alors j'ai mis du thon, c'est peut-être pour ça que ce n'était pas bon ? » Nous n'étions pas encore au bout de nos peines, puisque, arrivés au dessert, son gâteau au chocolat ne s'est pas décollé du plat. Nous avons tous ri à table de cette situation ubuesque dont elle a eu l'intelligence de ne pas se vexer, pour finalement nous avouer que n'ayant pas de farine, elle avait mis de la Maïzena®... Je souris encore aujourd'hui à l'évocation de cette soirée et je rends hommage à mon amie, brillante médecin par ailleurs, afin de m'assurer qu'elle ne prenne pas ombrage !

Vous devrez ensuite penser la quantité de plats dans sa globalité. Usez de votre bon sens.

Avec un apéritif chargé – cakes, tourtes ou quiches –, vous ne ferez pas d'entrée ; avec un apéritif léger – champagne et olives –, vous ne tarderez pas à passer à table et vous aurez préparé une entrée.

Si votre dîner se déroule en hiver, une soupe chaude sera délicieuse ; en été, une soupe froide sera très agréable.

La salade n'a pas de règle. Vous pourrez la servir en entrée, avec un fromage cuisiné par exemple, ou après le plat principal, accompagné d'un plateau de fromages.

Apéritif, entrée, plat principal en fonction de ce que vous aurez servi en entrée, salade et fromage, dessert enfin.

Ainsi, si vous préparez une soupe chaude de légumes en entrée par exemple, vous pourrez opter pour un gigot ou des escalopes à la milanaise, mais évitez les plats en sauce.

Si vous avez choisi une salade de crudités en entrée, vous pourrez proposer en plat une blanquette de veau ou un navarin d'agneau ; la sauce qui accompagne ces plats ne sera ainsi pas redondante avec la soupe que vous auriez pu servir en entrée.

Si vous avez préparé pour un plat principal copieux, alors vous pourrez choisir un dessert léger comme une soupe de fruits rouges si c'est la saison, ou encore des sorbets d'agrumes.

Enfin, une fois encore, je vous encourage à débrider votre créativité et à vous amuser avant tout. J'adore créer des thèmes de table, des menus de dîners et des mises en scène. Je n'hésite jamais à défier mes invités et à leur demander de se déguiser, le déguisement fût-il léger. Il y a quelque temps, j'ai invité des amis à la maison autour d'un dîner Gainsbourg. J'ai alors concocté avec un de mes amis chefs – c'est vrai, j'avoue, sur ce point je n'ai pas de mérite – un dîner dédié au chanteur français.

Pommes de terre au raifort comme il les aimait

Salade de pommes de terre colorées, raifort et olives noires

L'homme à la tête de chou farci végétarien pour Delphine

Chou entier farci, quinoa rouge (au lieu de la viande), chou kale, lentilles corail et piment d'Espelette

Lemon Incest Pie

Tarte au citron meringuée, classique

Sucettes à l'anis

Version industrielle et version chocolat

x *Vodka Grey Goose, liqueur de café*

La mise en scène de ce dîner Gainsbourg avait été simple, j'avais trouvé une nappe bleu ciel rappelant la couleur jean, sur laquelle j'avais disposé des cendriers et des paquets de Gitane®... Et nous avions accueilli nos invités vêtus de chemise en jean et de jeans, tout simplement.

Une autre fois, j'avais imaginé un dîner à l'envers : le café, qui était une soupe de haricots noirs, puis le dessert, glace en trompe-l'œil, une entrée froide au fenouil, le plat principal au bon endroit, avant de finir par une soupe froide de fruits, ressemblant à s'y méprendre à une entrée...

Quelles que soient vos idées, elles seront bonnes, amusez-vous, vos invités en feront tout autant !

Les bonnes manières à table

- Attendez que la maîtresse de maison soit assise pour vous asseoir.
- Prenez votre serviette délicatement et dépliez-la sur vos genoux ; jamais au grand jamais vous ne la mettrez autour de votre cou, dussiez-vous affronter – en chemise blanche – des pâtes à la bolognaise.
- Vous vous tiendrez à bonne distance de la table, ce n'est pas un volant de kart et vous n'êtes pas non plus équipé de bras télescopiques.
- Vous vous tiendrez droit et décontracté sur votre chaise, ni vautré, ni rigide.
- Vous ne mettrez pas vos coudes sur la table ; eh oui, comme quand vous êtes petit, ça vaut pour toute la vie.
- Vous attendrez que la maîtresse de maison commence à dîner pour prendre vos couverts.

- Vous ne direz pas « Bon appétit »... On ne le répétera jamais assez.
- Vous ne vous jetterez pas sur le pain, vous pourrez le déguster après l'entrée.
- Pendant le repas, c'est bien la fourchette qui vient à la bouche et pas la bouche qui va à la rencontre de la fourchette.
- Vous ne parlerez pas la bouche pleine.
- Vous ne ferez pas de bruits en mastiquant, ni n'ouvrirez la bouche pendant que vous mangez.
- Vous n'aspirerez pas le potage, ni ne soufflerez sur votre assiette si c'est trop chaud ; vous attendrez, patiemment.
- Si vous êtes une femme, vous ne vous servirez pas de vin, vous ne demanderez pas non plus, mais vous espérerez alors que l'un de vos voisins de table ait suffisamment d'éducation pour surveiller le niveau de votre verre et prendre soin de le remplir.
- Vous pourrez en laisser un peu dans votre assiette, signe que vous avez suffisamment dîné.
- Vous ne saucerez pas le plat, sauf si la maîtresse de maison vous le propose.

Le déroulé de la soirée

Règle d'or : soyez prêt. J'ai longtemps couru après le temps, je travaillais trop et je me retrouvais toujours à arriver en retard à la maison pour tout préparer et j'arrivais soit à avoir une table et un dîner sublimes mais je n'étais pas prête, soit j'étais prête mais le dîner ne l'était pas.

En vieillissant, j'ai appris à prendre plus de temps, beaucoup plus de temps, et à recevoir plus posément, à tout faire calmement dans la même soirée. Il m'arrive parfois de dresser la table l'après-midi pour gagner du temps sur la préparation du soir.

Partez du principe que vous n'aurez jamais trop de temps et que vous pourrez peaufiner si vous êtes en avance... Mais entre nous, c'est rarement le cas.

Préparez tout, le plateau avec les coupes de champagne, l'apéritif déposé sur la table basse, et si vous en avez les moyens, n'hésitez pas à demander à une personne de vous aider. Votre nounou peut faire cela, ou votre employée de maison ? Vous prendrez soin de la rémunérer comme un travail en plus.

Entendez-vous avec votre mari sur les séquences et mettez-le dans les confidences de votre dîner. Votre mari est votre meilleur allié et doit - en 2024 - participer autant que vous à la réussite de votre soirée.

Le moment le plus délicat est l'arrivée des invités. Si peu de gens se connaissent, gardez en tête que vous êtes leur seul point de connexion et que votre présence sera le liant nécessaire à la délicate mise en scène de votre dîner. Soyez donc disponible, présentez les invités entre eux en respectant les trois règles d'or des présentations, allez de l'un à l'autre et veillez à ce que chacun soit valorisé. Pour ce faire, n'hésitez pas à expliquer à l'un ce que fait l'autre en prenant soin de mettre en avant des particularités et intérêts communs - une passion partagée, un voyage en commun, une amitié connue... Avant de laisser deux invités discuter ensemble, il conviendra de lancer une conversation qui les animera.

Quand vous voudrez passer à table, vous pourrez gentiment informer vos invités : « S'il vous plaît, nous passons à table », et il faudra impérativement que chacun d'entre vous veille à être réactif et à se rendre dans les plus brefs délais à la table.

Une fois le dîner passé, la maîtresse de maison se lève la première pour passer au salon. Elle pourra le dire et le préciser, mais chacun devrait le comprendre. Son mari la suivra immédiatement et chaque homme devra se lever rapidement afin de tirer délicatement la chaise de chaque femme assise à table.

Je sers habituellement le café et les tisanes à table, mais j'aime passer au salon pour changer d'ambiance, que les invités se mélangent à nouveau et qu'un autre intermède puisse commencer. Si je dîne toujours en silence, je trouve qu'un peu de musique après le repas est toujours le bienvenu. Danser aussi...

Au moment de vous lever, vous ferez attention de ne pas interrompre une conversation endiablée, mais à l'inverse, vous pourriez aussi vous lever si vous sentiez qu'une conversation commence à un peu trop s'animer.

Quand vous serez au salon, vous pourrez apporter des digestifs et quelques chocolats.

Le moment du départ devrait être spontané pour vos invités qui devraient sentir l'opportunité de rentrer chez eux. Parfois ce ne sera pas le cas, il vous faudra alors vous armer de patience.

Mes parents avaient un couple d'amis qui possédaient une maison à Issy-les-Moulineaux, nous y allions souvent dîner. Je me souviens, petite fille, de soirées animées, aux grands éclats de rire et puis à la fin du repas, Jean-Pierre, le maître de maison, se levait, prenait sa chaise et la retournait sur la table. Comme au restaurant. Le message était clair, il était temps de partir...

Mon père, par exemple, lui, quand il veut que les invités s'en aillent, va dans le salon, s'allonge sur son canapé et allume la télé, ici aussi, il ne peut pas y avoir d'ambiguïté... chacun est invité à rentrer chez lui !!!

DÈS DEMAIN

Lancez-vous et dans les prochaines semaines invitez à dîner ; trouvez un thème sympathique, facile à mettre en scène et préparer votre dîner. Le thème sera le plus aidant, il vous aidera à préparer la soirée, la conduire en rythme et vous servira de référent, à vous et à vos invités, en cas de manque d'imagination. Recevez comme si vous organisiez un petit événement, vous verrez, tout va s'emboîter dans la joie.

LES SUPERSTITIONS À TABLE

Lors de la signature d'un important contrat à Taïpei, Taïwan, alors même que mon partenaire local venait de me passer le stylo, j'ai fait un faux mouvement et de mon bras maladroit, j'ai renversé un verre d'eau sur le contrat. Ce dernier s'est alors écrié quelque chose en chinois.

Je me souviens de m'être complètement tétanisée. Sachant les Asiatiques particulièrement superstitieux, peut-être venais-je de sceller notre sort à une malédiction quelconque ? Mais non, il était tout sourire et m'a traduit en anglais que l'eau portait bonheur et fortune, que c'était donc un merveilleux signe que notre contrat soit déjà inondé avant même d'être signé...

J'ai repris mon souffle et signé, soulagée ; la tartine était tombée du bon côté de la confiture.

Une autre fois, pour l'ouverture d'un restaurant à Pékin, nous avions dû, avec mon ancien associé, cuisiner des boulettes de viandes, monter sur le toit de l'immeuble où le restaurant allait ouvrir et les disperser à certains endroits très précis qui nous avaient été désignés par le maître feng shui de l'hôtel. Cette opération avait dû se faire à une date exacte qui nous avait été communiquée bien à l'avance et qui avait exigé notre déplacement de Paris à Pékin.

Pour le plaisir, j'ajoute que le maître feng shui de Pékin nous avait formellement interdit de recruter des salariés en salle qui étaient nés en 1977... Mais ça, c'est une autre histoire.

Il n'y a pas qu'en Asie que les superstitions sont présentes. Au Brésil, à Rio, je m'étais fait reprendre sévèrement pour avoir posé mon sac au sol : l'argent s'en va quand il y est posé ; à Dubaï, on m'avait demandé de changer la direction de mes pieds qui pointaient, alors que j'étais assise, trop ostentatoirement vers une des personnes partageant la table ; à Moscou, j'avais appris à poser les bouteilles vides sous la table et à ne pas les laisser dessus...

Les superstitions sont partout, parfois contradictoires l'une avec l'autre, souvent amusantes et toujours historiquement intéressantes. Celles liées à la table sont nombreuses et j'ai voulu m'amuser à les lister.

Connaissant ces anecdotes, vous veillerez à ne blesser personne et à rester précautionneux face à de possibles invités qui auraient, sans que vous le sachiez, évité les échelles en venant dîner chez vous...

Les classiques

Renverser le sel

Renverser du sel sur la table serait un mauvais présage ; il faudrait alors conjurer le sort, en prendre quelques grains avec ses doigts et les jeter par-dessus son épaule gauche. Afin d'éviter le mauvais présage, on préférera donc toujours poser la salière sur la table et laisser l'autre invité la récupérer par lui-même sans la passer de la main à la main, au risque justement de la laisser tomber et de renverser du sel.

D'où ça vient ? Deux sources différentes, l'une n'empêchant pas l'autre. Lors de la Cène, Judas aurait renversé le sel ; on connaît la suite. Plus tard, le sel, appelé « or blanc », était une denrée si chère et si rare qu'en renverser par mégarde était un désastre pécuniaire. Les paludiers étaient flagellés s'ils en renversaient.

Le pain à l'envers

Le pain posé à l'envers sur la table porterait malheur. Il faut pour conjurer le sort faire avec son doigt une croix chrétienne à l'arrière avant de le remettre dans le bon sens.

D'où ça vient ? Au Moyen Âge, le boulanger qui préparait les pains pour des personnes dédiées, préparait une miche pour le bourreau et afin de la distinguer, la mettait de côté à l'envers. Le pain retourné allait donc au bourreau, responsable des mises à mort, depuis lors associé à la malchance et aux malédictions.

Le pain coupé

Au même titre que le pain doit être posé à l'endroit, il doit aussi être rompu et pas coupé, ni tranché.

D'où ça vient ? De la Bible bien sûr : « Il prit le pain et le rompit. » Dans la religion catholique, le Christ se présente sous l'apparence du pain, le couper reviendrait donc à le blesser, c'est pourquoi on préférera le rompre.

Treize personnes à table

Cette superstition est connue de tous, il ne faut pas être treize à table, au risque de faire venir le diable. Si tel devait en être le cas, alors il faudrait dresser un couvert en plus pour un invité surprise, quatorzième personne de la table.

D'où ça vient ? Cela fait évidemment une fois de plus référence à la Bible et à la Cène, le dernier repas de Jésus au cours duquel Judas le trahit - il était le treizième apôtre à la table. De là découle aussi probablement que les services de table sont vendus par six ou par douze, et qu'une maîtresse de maison qui dresse une table est ennuyée de dépareiller à treize.

Trinquer en se regardant dans les yeux et sans croiser

Il convient très généralement de trinquer et d'entrechoquer ses verres en regardant chaque personne distinctement dans les yeux et sans croiser les bras afin de ne pas croiser les verres !

D'où ça vient ? Ne pas croiser les bras lorsque nous trinquons vient de la religion catholique : croiser deux bras forme une croix et d'une manière générale, faire un signe de croix sans le vouloir attire les mauvais présages. Quant au regard, cela remonte plutôt au Moyen Âge : se fixer dans les yeux devait ainsi empêcher que l'un des deux convives puisse verser discrètement du poison dans le verre de l'autre qui aurait regardé ailleurs ! Dans l'autre sens, entrechoquer fortement les verres permettait au vin de passer d'une coupe à l'autre et ainsi de s'assurer que le breuvage serait bien partagé, donc pas empoisonné.

Croiser ses couteaux

Il est malvenu de croiser ses couverts quand on a fini de déjeuner/dîner. La fourchette et le couteau doivent être posés à 10 h 10 dans l'assiette et certainement pas croisés.

D'où ça vient ? Croiser le fer bien sûr, au sens propre comme au sens figuré. Croiser le fer est synonyme de duel, de combat, de guerre et donc de querelle. Croiser ses couteaux attiserait les disputes et signifierait s'opposer lors d'un conflit.

Les inattendues

Verser du lait dans le thé

Verser du lait dans du thé serait signe de mauvais augure et irait à l'encontre des relations sentimentales, principalement quand on est une jeune fille.

D'où ça vient ? Le lait est un symbole de vie éternelle, il convient de l'utiliser avec précaution. De façon plus scientifique, mettre du lait dans son thé retirerait les vertus antioxydantes de ce dernier, voilà pourquoi il ne serait pas recommandé de le faire.

Couper ses pâtes

Couper ses pâtes est particulièrement mal vu en Asie, où d'ailleurs elles ne sont plus pâtes mais bien nouilles.

D'où ça vient ? Les pâtes, par leur forme, représentent la longévité et les couper reviendrait à trancher cette longévité. Il faudra donc apprendre à les manger avec des baguettes… Moins facile, mais si c'est pour vivre centenaire !

Offrir ou recevoir un couteau

Offrir ou recevoir un couteau couperait les liens d'amitié ou de famille entre les personnes visées. La relation serait alors tranchée.

D'où ça vient ? De façon assez classique, disons que tout objet tranchant est vu comme une menace et donc un potentiel conflit. Il convient alors de devoir échanger plutôt que d'offrir ou simplement recevoir. Celui qui recevra un couteau donnera une pièce en échange afin de maintenir les liens d'amitié.

Les baguettes

L'Asie est pleine de superstitions et les baguettes ne sont pas épargnées. Planter ses baguettes dans un bol de riz est vraiment à proscrire, c'est particulièrement impoli. Au même titre que vous veillerez à ne pas avoir de baguettes inégales.

D'où ça vient ? Si planter les baguettes dans le bol de riz est signe de mort, car c'est ainsi que les Asiatiques posent la nourriture sur les autels des défunts, avoir deux baguettes inégales prédit que vous raterez un départ – gare aux jours de voyage !

Briser la coquille d'un œuf à la coque

Ne pas briser la coquille de son œuf à la coque attire le mauvais œil, aussi faut-il veiller à toujours bien briser ce qui reste de sa coquille après avoir mangé un œuf.

D'où ça vient ? Les magiciens utilisaient souvent les œufs pour jeter des mauvais sorts et lancer des maléfices ; casser les œufs permettait donc de conjurer le sort et de briser le maléfice. La superstition contemporaine voudrait ainsi qu'en brisant avec soin la coquille de son œuf, on empêche un potentiel magicien de récupérer l'œuf et de nous jeter un sort. On ne sait jamais…

Ce qui porte bonheur

Renverser du vin

Depuis la Grèce antique, le vin est synonyme de chance et de bonheur. Le vin était à l'époque utilisé pour les libations et les offrandes. Renverser du vin, du champagne ou tout autre alcool sur une table - ou ailleurs d'ailleurs -, présage de bonheurs à venir. Chaque dimanche pendant la saison, les pilotes de Formule 1 le savent bien, aspergés de champagne à chaque podium. À ce titre, au Moyen Âge, les soirées arrosées étaient coutumes et la propreté de la table n'avait que peu d'importance, du moment que les breuvages coulaient à flots. Si renverser du vin porte bonheur et que le champagne ne tache pas, en revanche, je ne suis pas convaincue que la maîtresse de maison apprécie pleinement de voir sa nappe blanche brodée tachée par du vin rouge !

Casser du verre blanc

Casser du verre blanc serait source de bonheur. Les armateurs qui jettent des magnums de champagne sur les nouveaux navires le savent bien. Un heureux événement serait sur le point d'arriver ; un changement positif dans votre vie interviendrait prochainement. Les Russes jettent ainsi leur verre par-dessus leur épaule gauche après avoir trinqué car autant de morceaux de verre sur le sol, autant d'années de bonheur !

Finir une bouteille de vin

« Marié dans l'année »... Qui ne connaît pas cette expression largement consacrée ? En revanche, peu d'entre nous savent que la dernière goutte de la bouteille doit faire déborder le verre ; ce qui m'avait rassurée quand je l'avais appris, retrouvant régulièrement les mêmes personnes mariées un peu trop souvent chaque année.

Pains unis au four

J'adore cette superstition que je trouve absolument charmante. En Angleterre, si deux pains s'unissent au four et que la cuisson les entremêle, alors c'est un signe de mariage et de bonheur.

L'ail, une protection contre les mauvais sorts

Évidemment, qui n'a jamais réalisé un collier d'ail en se retrouvant confronté à des vampires ? L'odeur très forte de l'ail repousserait tout, les baisers, mais aussi la malchance. Ainsi, s'il convenait de veiller à son haleine après un dîner aillé, la nuit pourrait néanmoins être sereine et apaisée, l'ail aidant à éloigner tous les maux.

DÈS DEMAIN

À vous de voir si dès demain vous voulez y croire, continuez de penser que c'est ridicule ou bien commencer à faire attention. Les superstitions sont personnelles, en revanche, comprendre pourquoi reste une connaissance à la portée de tous : une explication, un contexte, un peu d'histoire et un sujet de conversation à partager à table. À défaut d'y croire on peut toujours en parler…

MERCI, COMPLIMENTS ET PENSÉES SONT DANS UN BATEAU

Merci, compliments et pensées sont dans un bateau et il ne faudrait jamais que l'un d'eux tombe à l'eau tant ces trois commandements incarnent à merveille toute la magie de la politesse.

Voici quelques mots sur la magie qu'ils dégagent.

Ne soyez jamais avare de compliments et dites-vous qu'ils sont parmi les meilleurs outils pour circuler avec aisance en société.

Les louanges que vous pourrez adresser aux gens qui partagent votre vie, mais surtout aussi aux autres, sont les meilleurs indicateurs des politesses qu'il faudrait partager chaque jour, tout le temps et avec tout le monde.

Ainsi, quand votre fille se prépare pour sortir, dites-lui qu'elle est jolie, que sa jupe est ravissante et qu'elle la porte bien. À vos parents, dites-leur que vous les trouvez en bonne forme. À la boulangère, dites-lui que sa coiffure la met très en beauté aujourd'hui. Quand votre fils fait une blague pendant le dîner et que tout le monde rit, dites-lui qu'il est drôle et qu'il a beaucoup d'humour. Si votre mari répare une étagère, dites-lui qu'il est particulièrement agile de ses mains. Et mélangez le tout, dites à votre fille qu'elle bricole bien, à votre fils qu'il est beau et à votre mari qu'il porte bien le costume, car les compliments sont asexués, si jamais vous en doutiez...

En plus des compliments aux proches, élargissez la pratique aux autres. Si votre collaborateur a changé de lunettes, faites-le-lui remarquer et n'hésitez pas à lui dire que ses nouvelles lunettes le mettent à son avantage. Si votre amie est allée chez le coiffeur ou s'est maquillée un peu plus qu'à l'habitude, dites-lui que vous l'avez remarqué et que ça lui va bien... Quand vous trouvez quelque chose de bien, pensez-le bien sûr, mais allez au bout de votre pensée, dites-le !

Françoise Sagan écrivait : « Il faut toujours dire aux hommes qu'ils sont beaux, surtout lorsqu'ils ne le sont pas vraiment. » J'aime beaucoup cette phrase qui fait presque passer le compliment devant la réalité.

Loin de vouloir flatter, complimenter quelqu'un est une façon de lui faire un câlin, de l'encourager à avancer dans ses décisions, de le rassurer dans les choix qu'il affirme et de l'aider à garder confiance.

En plus des compliments, ajoutez « merci » dans vos formules magiques.

Usez et abusez du « merci » en remerciant tous ceux qui font que votre quotidien est plus simple, alors même que l'on n'y pense jamais. Quand vous trouvez un travail bien fait, quand la maison est bien rangée, dites aux employées de maison qu'elles ont fait du bon travail. Quand vous passez devant un éboueur qui est en train de débarrasser une poubelle dans la rue, remerciez-le pour son travail. Regardez tous ceux qui sont au service du bien commun, et aussi souvent que possible, dites-leur merci. C'est tellement délicieux de porter de l'attention et de faire du bien.

Enfin, une dernière chose à partager avec vous, la magie de la pensée.

À l'écoute d'une musique, à la rencontre de quelqu'un, à l'arrivée dans un lieu, ou tout simplement parce que votre cerveau vous le présente, vous pensez à quelqu'un, un ami, un parent, un proche, une relation de travail. C'est agréable de se souvenir, de repenser à des moments chaleureux, des bonheurs communs ou de rires partagés. Au lieu de garder égoïstement le plaisir de cette pensée, envoyez-la. Ainsi, à chaque fois que je pense à quelqu'un, je lui envoie un tout petit message : « Je pense à toi », c'est tout, rien d'autre. Eh oui, la magie de la pensée est aussi simple que ça.

Cette matérialisation de vos pensées permet de distribuer aux autres les petits bonheurs que vous vivez. Il y a quelque temps, au restaurant, j'ai partagé avec mon mari une histoire drôle que j'avais vécue avec un directeur de chez Electrolux à Pordenone, en Italie, quand je travaillais avec eux. Cette histoire devait avoir vingt ans. J'ai retrouvé le nom de cette personne, et ayant encore son numéro, je lui ai envoyé un message en lui disant que je venais de raconter l'histoire drôle et que je pensais à lui. Dans les cinq minutes, Stefano m'a répondu. C'était joyeux ! Par ce simple message, je lui ai dit qu'il était dans mon cœur et je lui ai envoyé mes pensées, comme une façon de lui dire que j'avais été heureuse de croiser son chemin au long de ma vie.

Parfois, les gens auxquels on pense ne sont plus là, le message rédigé n'irait nulle part, alors profitez de la chance de la vie pour ne jamais hésiter.

C'est simple, c'est doux, ne vous privez jamais de partager l'amour.

DÈS DEMAIN

En vous réveillant, donnez-vous le challenge de dire cinq fois « merci » dans la journée à des personnes que vous ne remerciez jamais et qui pourtant rendent votre quotidien plus simple, que vous les connaissiez ou pas. Faites l'exercice, vous verrez, le sourire qu'elles vous rendront vaudra de l'or.

LE RESTAURANT

Plus de vingt ans passés à petit-déjeuner, déjeuner et dîner dans les meilleurs restaurants du monde, à goûter la cuisine des plus grands chefs partout sur la Terre, j'ai bien peur que l'objectif de ce chapitre soit finalement de ne pas en faire un livre!

Contrairement à ce que l'on pourrait croire et bien que le monde de l'hospitalité soit principalement un milieu de passionnés, je n'ai jamais eu de réel engouement pour la cuisine, encore moins pour les restaurants gastronomiques ni l'univers des chefs. Ce qui me plaisait dans mon métier, c'étaient les codes du luxe, le raffinement, la précision et l'esthétisme de l'écosystème tout autant que la rigueur d'exécution. Aller dans des lieux somptueux, parfois répondant à des prouesses architecturales, faire naître une atmosphère, une ambiance et, par le travail et la créativité, donner naissance à un restaurant était un programme professionnel absolument passionnant.

Le restaurant est un lieu chaleureux, toujours vivant, au même titre que la cuisine, où la chaleur et la proximité en font des endroits que je trouve rassurants.

Je me souviens de longues soirées de travail; parfois j'appelais alors la cuisine, même tard le soir, vers 22-23 h, et la chaleur, le bruit, l'énergie que je sentais au bout du fil me faisaient du bien, contrastant avec le silence et l'obscurité dans laquelle j'étais plongée à travailler sur des business plans ou autres notes de réflexions... Je n'étais finalement pas seule.

Un restaurant, c'est la vie. Alain Senderens, le chef étoilé de Lucas Carton à Paris, place de la Madeleine, disait toujours : « Un restaurant, c'est fait pour être ouvert mon p'tit, ouvert tout le temps, au déjeuner et au dîner ; servir tous ceux qui veulent manger, tous les jours, c'est notre métier. » Il s'insurgeait alors contre les tables qui décidaient de fermer au déjeuner le mardi et le jeudi par exemple, rendant ainsi plus complexe la lecture de leurs horaires d'accueil.

Un restaurant, c'est la vie, calculée et anticipée au maximum pour ceux qui y travaillent, inattendue et souvent surprenante pour ceux qui décident de s'y rendre.

Au restaurant, il y a toujours une part d'amour ; je pense que faire la cuisine et la servir revient à donner une part de soi à consommer rapidement. C'est en quelque sorte un acte altruiste, des heures de réflexion, de travail et d'exécution amenées à être consommées, parfois d'une bouchée, idéalement avec délectation.

Je crains qu'écrire sur le restaurant et le savoir y vivre ne me mobilise plus qu'il n'en faut, alors je me restreindrai aux cas spécifiques des principales configurations existantes !

Mais avant d'entrer dans ce détail, je voudrais ajouter que le restaurant est avant tout un lieu d'accueil qui se doit d'être généreux et bienveillant ; personne ne devrait jamais avoir peur d'entrer dans un restaurant, même un trois-macarons Michelin, car la cuisine, c'est avant tout la joie du partage et l'amour des hommes ; alors, si vous rêvez d'aller dîner dans un grand restaurant, que vous en avez le budget mais que vous n'avez jamais osé, n'hésitez plus, les maîtres d'hôtel sont là pour vous accueillir et vous mettre à l'aise... C'est le sens même de notre métier, l'hospitalité.

Avec son amoureux

Aller en amoureux au restaurant est toujours une formidable occasion de se retrouver. Si, au début d'une relation amoureuse, les dîners dehors sont une évidence tant que l'on ne partage pas le même toit, avec le temps qui file, la maison commune, les enfants qui naissent et les années qui passent, aller au restaurant en amoureux devient de moins en moins naturel, voire tristement occasionnel.

J'aime faire des choses occasionnelles de façon non occasionnelle. Comme le lapin d'*Alice au pays des merveilles*, je suis convaincue que chaque jour est un jour de fête, une occasion de célébrer son non-anniversaire. Faire la fête quand il n'y a rien à fêter est un concept tellement joyeux !

Pour vous, Messieurs : n'hésitez pas à faire des surprises et à les inviter au restaurant, juste comme ça, pour rien. Réservez une baby-sitter et envoyez un petit mot : « Rendez-vous ce soir à 20 h place Vendôme, je t'emmène dîner. »

Pour vous, Mesdames : quand votre mari prend l'initiative, laissez-vous porter. C'est tellement délicieux de se laisser guider par son amoureux !

Pour un dîner en amoureux, le choix du restaurant doit être fait en fonction de la cuisine, de la localisation, du chef, du décor, de la nouveauté, bref, tout peut être prétexte à choisir telle ou telle table, peu importe la motivation, du moment que vous savez pourquoi vous êtes là.

Réservez, évidemment, dites que vous venez dîner avec votre femme et que vous voudriez pouvoir être privilégiés avec une belle vue ou dans un endroit particulièrement cosy de la salle.

Veillez à ce que votre femme n'ait pas les prix sur la carte - si vous craignez que le maître d'hôtel n'ait pas cette délicatesse, prêtez-y attention -, laissez-la choisir ce qui lui plaît et commencez votre repas par une coupe de champagne. « Nous fêtons quelque chose ? – Le bonheur d'être ensemble. » Voilà la plus belle des politesses que vous pourrez rendre à votre épouse.

Profitez de ce moment en amoureux et n'hésitez pas à partager entrées et desserts, cela permet de goûter plus de saveurs et d'emmener une certaine intimité.

Avec des amis

La grande table d'amis peut être tout aussi joyeuse que pénible. Joyeuse pour tous ceux qui en font partie, pénible pour les clients autour. À ce titre, s'il est évident qu'une soirée à six, huit ou douze peut rapidement devenir bruyante, remplie d'éclats de rire, où l'alcool circule facilement et délie les langues, il est en revanche très désagréable que tout le restaurant profite de la dernière blague belge.

Ainsi, pour une grande tablée entre amis, le choix du restaurant en amont est crucial.

Vous pourrez vous orienter vers des restaurants festifs, ceux dont on sait en entrant que la musique va augmenter à mesure que les heures vont passer et où, vers 22 h, vous ne vous entendrez plus parler ; mais vous pourrez aussi vous orienter vers des restaurants qui ont, des PDR (*private dining rooms*, ou salles à manger privées). Des bistrots, des brasseries tout autant que des restaurants gastronomiques ont très souvent des salles à manger privées, des salons, des endroits confidentiels et dédiés aux groupes. De là, vous pourrez, protégés de la grande salle du restaurant, rire et parler fort, voire danser et mettre votre propre musique jusqu'à la fermeture du restaurant.

Quand vous passerez la commande, pensez à ne prendre que des vins en grand format, il n'y a rien de plus sympathique que des magnums posés sur table. Dans le même esprit, j'adore commander toute la carte d'entrées en deux exemplaires, dispersés partout sur la table, ainsi, tout le monde goûte à tout, c'est convivial et tellement gai. Si le cœur vous en dit, vous pourrez faire de même pour les desserts, un peu de tout pour tout le monde, mais en un seul exemplaire en revanche, il y a toujours moins de partisans pour le sucré en fin de repas.

Au moment de l'addition, partagez le montant global entre tous les convives et comptez les couples, c'est plus simple. Si une femme célibataire est à table, ayez la délicatesse de compter sa part et de la diviser entre le nombre de couples présents, c'est une attention délicate et gentille.

Enfin, de nos jours, les pourboires se mettent facilement sur les cartes de crédit. Cela dit, tout le monde n'a pas le sens du service, alors au moment de séparer l'addition en fonction du nombre de couples, ajoutez 10 ou 15 % du montant total en pourboire et divisez-le en parts égales ; le pourboire aura été inclus et la générosité due à un bon service préservée.

Avec des clients

Les dîners avec des clients sont des moments dédiés à de nombreuses occasions particulières. Quand je présidais le Pavillon Ledoyen avec mon associé, j'invitais à déjeuner dans notre restaurant les personnalités du monde des affaires que je souhaitais rencontrer, pour parler d'une situation, d'un projet, d'une potentielle collaboration ou tout simplement parce que leur parcours était passionnant et que j'avais envie de partager un moment avec eux. Le restaurant est un lieu neutre, où il est facile de se rendre pour faire des affaires. Ainsi, inviter une relation professionnelle au restaurant pour la célébration de la signature d'un contrat, discuter en vue de sceller une collaboration, résoudre un problème lors de la gestion d'un projet ou encore faire un point d'avancées de travaux, de préparations d'événements ou autres.

Si les occasions sont multiples, le choix du restaurant peut être stratégique. L'arrondissement, le niveau de la cuisine, il convient de choisir un lieu en cohérence avec son invité. À ce titre, un restaurant à côté des bureaux peut être un choix hasardeux, voire malencontreux. Je me souviens ainsi de déjeuners avec un grand patron que j'affectionnais particulièrement qui m'invitait toujours loin de son bureau. Un jour, alors qu'il avait été pris par le temps, il m'a donné rendez-vous chez *Marius&Janette* avenue George-V, juste à côté du siège social où il travaillait. Nous sommes entrés, nous nous sommes dirigés vers la table réservée et j'allais m'asseoir quand il a salué le couple d'hommes d'affaires assis à côté ; je l'ai entendu aborder rapidement leurs sujets respectifs et Pierre de dire : « Aucun problème, nous nous déplaçons. » Une fois assis à une autre table (une table vide à droite et des touristes à gauche), il m'a dit : « Je ne pouvais pas déjeuner à côté de ces hommes, ils allaient parler de sujets dont ils ne voulaient pas que je sois tenu informé. » J'avais trouvé cela fou, mais je n'étais pas au bout de mes peines. Quelques minutes plus tard, la table de droite est arrivée et la même scène s'est reproduite. Deux hommes d'affaires à nouveau, qui ont salué Pierre ; ils ont rapidement échangé un mot mais cette fois, comme nous étions déjà installés, ce sont eux qui sont partis s'asseoir ailleurs. Quelle aventure. Je comprenais mieux alors pourquoi il m'invitait toujours dans un restaurant loin de son bureau...

Il convient de veiller particulièrement, lors des déjeuners ou dîners d'affaires, à la bienséance de sa clientèle étrangère. Je me souviens ainsi de deux moments particulièrement cocasses, les deux au Plaza Athénée, à l'époque du trois-étoiles Michelin d'Alain Ducasse.

Pour le premier, je recevais l'état-major de Gazprom, la grosse compagnie de gaz russe avec laquelle nous avions un contrat de formation pour les cuisiniers qui travaillaient au sein des salles à manger de direction ; c'étaient uniquement des femmes, cinq femmes qui représentaient la direction générale de l'entreprise. Nous passions une soirée délicieuse dans « l'aquarium » (la salle à manger privée du chef en face des cuisines) quand est venu le moment du fromage. Arrive sur la table un plateau de fromages avec différentes pâtes molles et pâtes dures, dont un maroilles particulièrement fait. J'ai proposé à Irina de goûter le fromage, elle s'en est approchée et a reculé avec un air complètement dégoûté. Je me souviens d'avoir ri et de lui avoir expliqué que c'était délicieux, beaucoup plus doux au goût qu'au nez et qu'elle devrait essayer. Elle m'a fait confiance, mais au moment de mettre le fromage dans sa bouche, elle a fermé les yeux, regardé le ciel et fait un signe de croix. Cette protection demandée au Seigneur pour aller déguster un fromage du nord de la France a marqué mon esprit... pour toujours.

Le second a eu lieu dans la salle du restaurant, entre les mains du si talentueux Denis Courtiade, le merveilleux éternel directeur du restaurant gastronomique. J'accueillais ce soir-là plusieurs représentants de l'école Tsuji avec laquelle j'avais signé un partenariat pour Tokyo et Osaka. Nous avons eu en amuse-bouche des langoustines biseautées, demi-sphère de caviar, qui s'attrapaient avec les doigts. Chacun d'entre nous s'est servi et a dégusté la langoustine. Presque instantanément, le chef de rang a déposé sur la table les rince-doigts, petite coupelle en porcelaine joliment découpée avec un pétale de rose à l'intérieur.

Après avoir utilisé ses doigts pour déguster un plat, un rince-doigts est toujours apporté pour se nettoyer et éviter les odeurs de crustacés ou autres fruits de mer. Au Japon, cela n'est pas coutume, je me devais de leur montrer l'exemple, mais je n'ai pas eu le temps de le faire parce que mon client japonais en face de moi a attrapé la coupelle et en a vidé goulûment le contenu, avalant par là même le pétale de rose. Trop tard, la voie était ouverte et les autres s'y sont engouffrés en buvant à leur tour l'eau pourtant destinée à leurs doigts. Diable. Je me suis alors retrouvée seule à regarder l'eau et à finalement rien n'en faire, estimant - à raison je crois - qu'y tremper mes doigts aurait pu les mettre particulièrement mal à l'aise.

Avec l'addition

Un homme et une femme

Qui paie et quand ? Vaste sujet qui a grandement évolué avec le temps. S'il était évident avant que les hommes invitaient systématiquement les femmes au restaurant, l'émancipation de ces dernières et leur volonté farouche d'égalité font que les hommes aujourd'hui peuvent craindre même de proposer l'intention. Au risque de faire vieux jeu, je trouve toujours cela délicat de voir une femme payer au restaurant pour son mari. À mon sens, cela n'a rien à voir avec l'argent ou les moyens financiers des uns et des autres, mais cela reste une attention raffinée, occasionnelle, qui est faite aux femmes et qu'elles devraient accepter en toute simplicité.

En vieillissant, je dois avouer que je me laisse plus facilement faire, je trouve agréable que l'on s'occupe de moi, j'accepte avec plaisir et sourire une invitation à déjeuner ou dîner avec un ami. Jeune, je voulais montrer mon indépendance, crier haut et fort que j'étais déjà une femme d'affaires, que je gagnais ma vie et que j'étais libre, je payais à chaque fois et j'invitais souvent. Aujourd'hui, je crois ne plus avoir besoin de prouver, je profite simplement des petits bénéfices d'être une femme.

Si la règle veut que l'homme invite la femme au restaurant, il y a évidemment des cas où l'inverse peut se faire. Si c'est une invitation à dîner pour l'anniversaire de son mari, si c'est un ami qui est dans le besoin, si l'homme a oublié ses moyens de paiement, si c'est la femme qui a choisi un restaurant dont elle sait qu'il est largement au-dessus des moyens de son ami mais qu'elle est heureuse de lui faire goûter cette cuisine, si c'est un déjeuner régulier et que l'homme paie toujours, la femme peut, de temps en temps, dire : «Cette fois, c'est moi qui t'invite.» Mais selon moi, cela doit rester de l'ordre de l'occasionnel.

Entre amis

Je distinguerai ici les rendez-vous à deux des autres.

Un moment partagé entre deux amis, qu'il soit régulier ou plus rare, est souvent un instant de plaisir, de confidence, un réel et sincère partage. Après avoir passé du temps ensemble, j'aime l'idée d'inviter ou d'être invitée, et au partage mathématique de l'addition, je préfère toujours une invitation que je trouve plus généreuse, dans un sens ou dans l'autre, peu importe. L'idée ici est qu'au rendez-vous suivant, ce sera à l'autre de prendre le relais, et si vous n'êtes pas dans le besoin, n'ayez crainte, une erreur dans cette joyeuse comptabilité ne vous attirera pas de contrôle fiscal...

Une grande table d'amis, à moins que ce soit pour une occasion spéciale, prendra soin de partager l'addition en comptant le nombre de couples, et certainement pas, au grand jamais, en attribuant à chacun ce qu'il a consommé. Vous risqueriez de vous perdre dans le nombre de gorgées de vin ou de cuillérées de dessert... une source évidente de disputes.

Entre collègues de travail du même rang, le partage de l'addition est classique ici aussi ; chacun paie sa part et si vous deviez partager l'addition, alors veillez à vos consommations. En effet, si vous aviez pris une entrée, un plat, un dessert et un verre de vin alors même que votre collègue n'avait pris qu'un plat du jour, n'ayez pas la goujaterie de partager l'addition en deux mais plutôt la politesse de l'inviter.

Entre collègues de travail de rangs différents, il est délicat que le directeur invite l'employé, et si le cas d'une directrice et d'un employé devait se présenter, le fait de passer ce déjeuner en déjeuner d'affaires devrait aider la femme à régler l'addition sans complexe. Mais si d'aventure l'employé, gêné, préférait inviter sa dirigeante, il sera poli que cette dernière accepte avec le sourire.

La hiérarchie devrait toujours s'incliner devant la politesse.

Les codes dont on ne peut s'affranchir

- L'homme descend de la voiture, fait le tour et ouvre la portière à la femme ; si le voiturier est présent, ce dernier fait le geste.
- Si vous devez marcher pour aller au restaurant, l'homme prendra soin de se positionner côté rue pour protéger la femme, qui restera côté immeubles.
- C'est l'homme qui entre en premier dans le restaurant, il tient ensuite la porte à la femme, qui le suit.
- L'homme prend le manteau de la femme, le donne au vestiaire et garde le ticket – il n'oubliera pas de donner un pourboire à l'hôtesse d'accueil qui s'en occupera.
- Les femmes s'installent sur la banquette en essayant de s'asseoir par une entrée commode, sans avoir à se traîner tout du long.
- S'il n'y a pas de banquette, Messieurs, vous vous positionnerez derrière la chaise, la tirant délicatement pour que votre femme s'asseye et en la poussant très légèrement quand cette dernière fera le geste de se rapprocher de la table.
- Une fois assis à table, Mesdames, Messieurs, laissez votre téléphone portable dans votre sac.
- Prenez soin de demander une carte sans prix pour Madame.

- Choisissez assez rapidement et sans changer ; Mesdames, n'allez pas vers ce qu'il y a de plus cher quand vous êtes invitées.
- C'est toujours l'homme qui passe la commande.
- C'est aussi l'homme qui choisit les vins.
- Une femme ne se sert jamais de vin toute seule, elle est servie ; Messieurs, il faut donc toujours veiller à ce que son verre ne soit pas vide.
- On attend que tout le monde soit servi pour commencer le repas, surtout si les entrées sont froides.
- Pendant le repas, est-ce bien nécessaire de le préciser :
    - ne mettez pas vos coudes sur la table ;
    - ne parlez pas la bouche pleine ;
    - ne mâchez pas la bouche ouverte ;
    - ne faites pas de bruit en mangeant ;
    - ne raclez pas votre assiette avec vos couverts ;
    - ne vous curez pas les dents.
- En allant aux toilettes, si vous passez entre deux tables, faites face à vos voisins, ne leur tournez pas le dos en passant.
- L'homme demande l'addition et pas la note, il peut aussi avoir la délicatesse de régler en prétextant aller aux toilettes.
- Si vous voulez une note de frais, prenez soin de la demander plus tard ou en avance afin de ne pas montrer à vos invités qu'ils deviendront des factures de charges.
- Laissez un pourboire généreux en fonction de la qualité du service, prévoyez des espèces en amont et ne demandez pas à vos invités qui se préparent à partir s'ils ont un billet à laisser parce que vous n'en avez pas.

- L'homme prendra soin de remercier le voiturier, s'il y a un service, en lui serrant la main et en glissant discrètement un billet préparé en amont.

DÈS DEMAIN

Relisez les codes dont vous ne pouvez pas vous affranchir la prochaine fois que vous allez au restaurant. En suivant ces quelques règles, votre expérience en sera transformée, j'en suis sûre. Et s'il ne devait y en avoir qu'une à retenir, pour vous Messieurs, ça serait de régler l'addition en allant aux toilettes, cette surprise au moment de partir est l'une des plus grandes délicatesses que je connaisse.

APPRENDRE TOUT AU LONG DE SA VIE

L'apprentissage tout au long de la vie est certainement l'une des plus grandes chances qui soient données à l'être humain de devenir meilleur. En vieillissant, s'il est scientifiquement prouvé aujourd'hui que nous ne perdons plus de neurones, mais que notre cerveau est, comme notre corps, soumis au vieillissement naturel, il est en revanche aussi établi que notre capacité cérébrale à compenser l'effet de l'âge par l'apprentissage est parfaitement intacte jusqu'au dernier jour.

Rester vif et agile, voilà bien toute la politesse que nous devrions rendre à notre cerveau.

Mais, s'il est évident qu'enfant, puis jeune adolescent et encore jeune adulte, la vie est une découverte permanente et quotidienne où presque tout est source de nouveauté, donc de besoin d'apprendre, la situation est bien différente quand il s'agit de commencer un apprentissage à l'âge adulte.

Pourtant, nous passons bien plus de temps à être adulte qu'enfant, aussi est-il dommage de se priver de toutes ces années de découvertes passionnantes sous prétexte de trop souvent mal se comporter.

Le maître d'apprentissage, une fois adulte, peut prendre bien des formes : un professeur de langues, un professeur de danse ou de yoga, un coach sportif, un sommelier avisé... Il est des cas presque quotidiens où un rapport à un sachant s'instaure et où l'interaction se doit d'être correctement abordée si l'on veut que la richesse de l'apprentissage soit préservée.

Je me suis remise à l'équitation quand je suis venue m'installer dans le sud de la France. Je montais à cheval étant jeune, puis j'ai arrêté pendant vingt ans et j'ai repris à 44 ans.

Après un passage au Club Hippique de Nice, j'ai acheté ma jument pour me mettre à pratiquer l'équitation de façon très régulière et sportive. Je prépare désormais les championnats de France dans ma catégorie. La relation que j'ai avec ma coach actuelle...

Grâce à elle, j'ai acheté ma jument et je prépare désormais les championnats de France dans ma catégorie. La relation que j'ai avec ma coach actuelle, Typhaine, est saine et équilibrée, principalement parce que nous avons appris toutes deux à nous placer et à nous déplacer. Quand nous prenons un thé ou un café après une bonne séance, nous sommes deux femmes qui discutent et parlons de nos vies, quand nous sommes moi à cheval et elle au sol dans la carrière, nous devenons une élève et son maître.

Pendant mon heure de séance, je suis là pour apprendre, pour progresser, et elle pour m'enseigner et me faire progresser. Ainsi, je lui donne ma confiance et j'écoute ce qu'elle me dit. Parfois c'est difficile, c'est même souvent difficile, mais je ne conteste jamais, je ne discute jamais et je me plie toujours à ses consignes que je sais bienveillantes et intelligentes. Je me souviens d'une séance de travail en CSO (concours de saut d'obstacles) pendant laquelle j'enchaînais des huits de cercles dans la carrière avec les barres au sol au centre, ma jument tirait beaucoup et je luttais énormément. Fatiguée, j'ai demandé une pause et Typhaine de me répondre : « Non, encore un tour aux deux mains et après on fait une pause. » J'ai expiré un bon coup, repris mon souffle et je suis repartie pour un tour comme elle me l'avait demandé.

Chacune à sa place, elle savait ce qu'il fallait faire et moi je devais obéir.

C'est cette notion d'obéissance qui se perd je crois avec les années ; certains parleront de respect, je n'aime pas ce mot, je préfère parler de juste place et de bonne intelligence.

Quelques règles de bienséance qui permettent d'établir une relation saine avec son formateur

- Avoir de l'âge devrait vous permettre de bien vous connaître et d'avoir déjà en tête votre fonctionnement : êtes-vous plutôt dans la sensation, le ressenti, ou au contraire, avez-vous besoin de comprendre pour refaire? Voulez-vous appliquer et progresser en confiant à votre corps le soin de valider les acquis ou vous est-il nécessaire de passer par la case analyse cérébrale avant que votre corps ne prenne le relais?
- Expliquez à votre coach votre façon de fonctionner et d'apprendre, donnez-lui vos clés pour une meilleure collaboration; il est possible que si ce dernier a aussi fait un travail d'introspection sur sa méthode de transmission, il puisse dès le début vous dire qu'il travaille comme ci ou comme ça.
- Écoutez toujours avant de commenter et essayez de comprendre avant de répondre ou de contester et répliquer. Dans la plupart des cas, les formateurs adultes se retrouvent confrontés au « oui, mais », qui est insupportable.
- Partez du principe que votre formateur est compétent, faites-lui confiance et donnez-lui le crédit qui vous permettra de juger avec le temps. Écoutez sans discuter, appliquez sans contester et vous saurez rapidement si ce coach est fait pour vous.
- Quand vous saurez mieux, quand vous aurez progressé et appris un peu, vous pourrez alors proposer quelques réflexions pour mieux comprendre : « La dernière fois, vous m'avez expliqué cela, j'ai l'impression que l'information est contradictoire avec celle du jour, pouvez-vous mieux m'expliquer? »
- N'hésitez jamais à demander plus d'explications. Au moins une fois par séance de travail, je dis à ma coach : « Pas compris » … Elle reformule et je me concentre mieux.

Je peux parfois répéter le même « pas compris », je me donne plus de mal alors pour comprendre et je n'hésite pas à faire répéter d'une façon différente jusqu'à ce que ce soit clair.

- Si vous ne comprenez pas, vous ne pouvez pas apprendre, si vous ne communiquez pas, vous ne pourrez pas comprendre, alors communiquez, dites quand ça va, quand ça ne va pas, et donnez les clés à votre formateur pour que ce dernier vous aide à grandir.
- Enfin, respectez toujours votre formateur, c'est son métier, il vit de la transmission de son savoir pour lequel il a suivi une formation souvent diplômante ; faites confiance ainsi aux institutions et ne doutez pas de sa compétence, vous partiriez forcément du mauvais pied.

DÈS DEMAIN

Écoutez sans répondre, mettez-vous à la place de l'apprenant – qui est la vôtre – et prenez le temps de bien comprendre ce que l'on vous explique ou ce qui vous est demandé. Reformulez encore si vous n'êtes pas sûr, passez par les clés d'une bonne écoute pour progresser. Arrêtez de contester.

LA POLITESSE RENDUE À VOTRE MÉMOIRE

Avec l'avènement des téléphones et la systématisation de Google comme meilleur ami, il ne faut jamais plus de trois secondes, où que l'on se trouve - du moment qu'Internet est là - pour obtenir une réponse à une question que l'on se pose.

En quelle année est sorti ce film, déjà ? C'était qui l'acteur qui jouait Hannibal Lecter ? Qui était le troisième président des États-Unis ? Combien d'États comportent les anciennes républiques de l'URSS ? La capitale de l'Ouzbékistan ? C'est infini... Pas une seule question à laquelle Google ne trouve de réponse immédiatement.

Ainsi, tout est servi, chaud, cuit sous vide, à table, et plus jamais il ne convient d'aller chercher son gibier, de le faire mariner, de le découper, de le cuisiner pour enfin pouvoir le servir dans l'assiette.

À mes yeux, ces comportements quotidiens et aujourd'hui absolument systématisés représentent ni plus ni moins des insultes répétées faites à notre cerveau. En ne sollicitant plus jamais notre mémoire, nous agissons comme si notre cerveau était incompétent, lent, inutile et finalement davantage un poids posé dans notre boîte crânienne que l'un des meilleurs alliés de notre vie.

Considérer son cerveau comme son meilleur allié

Or, à mon sens, la moindre des politesses que nous devons lui rendre est de le considérer.

Le considérer comme une machine puissante, qu'il faut certes entretenir, solliciter, muscler, pratiquer, mais avec laquelle il faut collaborer, interagir, à qui il faut faire confiance et remercier.

Je considère mon cerveau comme un allié - pas toujours, mais la plupart du temps -, comme un outil que je transporte tout le temps et qui est là pour me rendre service. À ce titre, j'aime lui rendre hommage et j'ai appris à travailler avec lui comme avec un assistant. Ce que je peux vous assurer, c'est que plus vous le solliciterez, mieux vous le connaîtrez et plus efficacement vous saurez travailler avec lui.

Vous vous posez une question, comme chaque jour, et la plupart du temps, vous êtes accompagné quand cela arrive, n'est-ce pas ? Alors, au lieu de sauter sur votre téléphone, dites à votre interlocuteur : « Viens, on essaie de trouver la réponse sans chercher sur Internet. » Cette simple phrase est le début de la politesse rendue à votre cerveau. Évidemment, les premières fois seront pénibles, et une des clés est d'accepter de ne pas trouver ; c'est ce qui va vous aider à commencer à poser avec votre cerveau ce que j'appelle « le principe de la distance cérébrale ».

Appréhender le principe de distance cérébrale

Partez du principe que votre cerveau est comme une boîte géante à l'intérieur de laquelle est rangé tout ce que vous avez vécu jusqu'alors, organisé selon une nomenclature propre à différents types de mémoires. La formidable neuropsychologue que j'avais rencontrée pour diagnostiquer la dyslexie de mon aîné m'avait expliqué comment fonctionnaient les différentes mémoires. Ainsi, une personne atteinte d'Alzheimer ne saurait dire comment s'appelle une clé en voyant l'objet, en revanche, saura parfaitement ouvrir une porte si on la lui met dans la main. La mémoire de la praxie étant alors parfaitement efficace. Forte de ce constat, j'ai appris à utiliser mon cerveau comme une boîte à outils géante, et je me suis imaginée lui parler, lui poser des questions et apprendre à comprendre ses capacités et ses vitesses de réponse. En effet, imaginez-vous devoir aller chercher dans un entrepôt géant à l'intérieur duquel votre vie est rangée, un souvenir datant de dix ans, une information de l'été dernier, un endroit d'enfance lié à une odeur croisée un matin… – la multitude de questions que vous vous posez correspond évidemment à l'immensité d'informations stockées dans votre boîte à souvenirs. Alors, en fonction de là où la réponse est rangée, il faudra plus ou moins de temps à votre cerveau pour aller la chercher. Comprenez cela et apprenez à appréhender le temps qu'il faudra pour obtenir la réponse, faites preuve de patience, car plus vous deviendrez agile avec votre mémoire, meilleure alliée elle deviendra. Aujourd'hui où je pense assez bien connaître mon cerveau et ses capacités, j'arrive très rapidement à dire si l'information est loin et la trouver sera l'affaire de quelques heures, voire jours, ou si l'information est très proche et sera à ma disposition en quelques minutes. À travailler avec son cerveau, on finit par le connaître et aujourd'hui, quand je cherche un souvenir, je m'amuse à dire : « Je lui ai demandé d'aller me chercher l'information, elle n'est pas trop loin, je pense que je l'aurai d'ici la fin de notre déjeuner. » À l'inverse, parfois je sais que trouver quelque chose va prendre un temps infini, de même que je sais aussi quand je ne sais pas. Comme si mon cerveau était devenu un assistant bibliothécaire capable de me renseigner sur toutes mes questions.

Je dois avouer que j'aime cette relation intime que j'ai tissée avec mon cerveau, je le défie, je suis à son écoute et je lui laisse le temps nécessaire pour aller chercher l'information, dut-il prendre plusieurs semaines. Faites-lui confiance et retrouvez le bonheur de l'autonomie.

DÈS DEMAIN

S'il y a un Dès demain que je rêve de vous voir essayer c'est celui-là. Quand il vous manquera un nom, un acteur, une rue, un restaurant, une date, peu importe... Quand vous irez chercher une information, s'il vous plaît, n'allez pas sur Google, mais donnez une mission à votre cerveau. Doucement, mais sûrement, proposez-lui de vous aider, faites-lui confiance et apprenez à travailler avec lui. Vous verrez, vous ne pourrez pas être déçu.

DU BON EMPLOI DES TERMES

Dans la vie, il y a les mots pour dire les choses et les autres.

En français, les expressions comme les mots sont malheureusement souvent mal utilisés, mal formulés et pas à propos. Alors voici un petit mémento des erreurs classiques qui sont faites à l'oral. Ne doutez pas que les fautes de français sont de terribles marqueurs sociaux, alors empressez-vous d'apprendre pour ne plus vous tromper.

ON NE DIT PAS	ON DIT
Manger	Petit-déjeuner
Manger	Déjeuner
Manger	Grignoter
Manger	Goûter
Manger	Dîner
Manger	Souper
Je suis invitée à manger	Je suis invitée à dîner
Il a solutionné le problème	Il a résolu le problème
Apporter quelqu'un	Apporter une chose
Amener ou accompagner une chose	Amener ou accompagner quelqu'un
La note	L'addition
Baser sur	Fonder sur

ON NE DIT PAS	ON DIT
Second quand la liste est longue	Deuxième
Deuxième quand la liste est de deux	Second
Je m'excuse	Je vous prie de bien vouloir m'excuser
Par contre	En revanche
Des fois	Parfois
Enchanté	Ravi de vous rencontrer
Au plaisir	À bientôt
En clientèle	En rendez-vous
Au coiffeur	Chez le coiffeur
Je vais chez le docteur	Je vais chez le médecin
Les ongles grandissent	Les ongles poussent
C'est très ennuyant	C'est très ennuyeux
Nous avions convenu de	Nous étions convenus de
À vos souhaits	Chuuut... on ne dit rien
Bon appétit	Chuuut... on ne dit rien
Malgré que	Bien que
Pallier à quelque chose	Pallier quelque chose
Le père à Pierre	Le père de Pierre
Un ciseau	Des ciseaux
De mal en pire	De mal en pis
C'est moi qui est venu	C'est moi qui suis venu

ON NE DIT PAS	ON DIT
Je pars à Nice	Je pars pour Nice
Je vais à la neige	Je vais à la montagne
Je m'en rappelle	Je m'en souviens
J'y ai déjà été	J'y suis déjà allé
Je vais faire de l'essence	Je vais mettre de l'essence
J'ai lu sur le journal	J'ai lu dans le journal
Je viens de suite	J'arrive tout de suite
Va te changer	Change de vêtements
Au jour d'aujourd'hui	Aujourd'hui
Il va de mal en pire	Il va de mal en pis
Intrasèque	Intrinsèque
Je reviens vers vous	Je reprends contact avec vous
Une astérisque	Un astérisque
Une après-midi	Un après-midi
Des escaliers	Un escalier
Je ne suis pas très viande	Je n'aime pas trop la viande
C'est pas bon	Ce n'est pas à mon goût
C'est moche	Ça ne me plaît pas
Bonjour	Bonjour, Madame/Bonjour, Monsieur
Bonjour, Messieurs, Dames	Bonjour, Mesdames/Bonjour, Messieurs
Mon mec	Mon mari, mon compagnon

ON NE DIT PAS	ON DIT
Ce midi	À midi
Contactez-le	Prenez contact avec lui
J'y vais en vélo	J'y vais à vélo
Je te jure	Je te promets

DÈS DEMAIN

Évidemment, il faudrait pouvoir apprendre par cœur ces formules de français qui sont essentielles et nécessaires ; alors dès demain, faites l'effort de corriger vos erreurs et n'hésitez pas, avec gentillesse et grande politesse à corriger les gens autour de vous. Aidez quelqu'un à parler correctement, c'est lui rendre service, le faire avec politesse est un signe d'amitié !

LA POLITESSE DU TÉLÉPHONE

Tout le monde aujourd'hui est équipé d'un téléphone et paraphraser les méfaits des écrans serait absolument inutile ; c'est comme le tabac, tout le monde sait que c'est mauvais pour la santé, mais les fumeurs ne sont pas touchés par cet argument pour arrêter.

Ainsi, connaître la nocivité des écrans ne servira pas mon propos pour une moindre utilisation de son portable. Notre quotidien est envahi par cet outil, c'est un fait. Pourtant utile, le téléphone portable devient souvent franchement désagréable, pour ne pas dire parfois insupportable et ce, quelles que soient les générations.

Ma mère, à plus de 80 ans, est devenue accro au portable. Elle passe son temps à enchaîner les vidéos sur Instagram ou Facebook, les animaux, les chutes diverses, les catastrophes, les tornades, vagues submersives et autres drames quotidiens. Ses après-midi sont devenus des successions de bêtisiers de fin d'année, plusieurs heures par jour. J'ai beau lui dire qu'elle ne lit plus, rien n'y fait. Le soir à table, elle nous dit souvent : « J'ai vu sur les réseaux cette petite fille qui… » et s'ensuit soit une histoire drôle évidemment délicate à raconter quand on n'a pas vu la vidéo, soit une histoire affreuse à la fin de laquelle l'enfant, atteinte d'une maladie rare, est condamnée, bref, compliqué.

Agissant comme une drogue douce, les jeux, les vidéos courtes qui défilent, les réseaux sociaux évidemment, permettent d'abrutir, de bloquer la pensée et, à l'instar de somnifères, ensuquent au point de faire oublier un quotidien parfois difficile. Je ne suis pas épargnée par cela. Parfois, après une journée trop chargée, je joue à un jeu de lettres sur le téléphone, pendant dix minutes, je m'abrutis et je m'endors, la tête vidée, c'est très bien ainsi.

Face à cette décrépitude de la pensée humaine, vous pouvez vous donner la peine d'établir des règles d'utilisation du téléphone en famille, en couple, avec des clients ou vos amis.

Petit vade-mecum de la civilité du portable.

En famille

Le moment du dîner est sacré. Décidez d'un soir - si vous ne pouvez pas plus - où toute la famille est réunie pour partager un dîner ensemble. Interdiction formelle de poser un téléphone sur la table ni d'aller le vérifier pendant le repas.

Avant de passer à table et pour la soirée, que tout le monde dépose son portable dans la cuisine à partir de 19 ou 20 h. Essayez une fois ou deux, vous verrez que les interactions se recréent et que chacun retrouve des activités plus douces, intellectuelles ou ludiques.

En couple

Bannissez les téléphones du lit, pour les ondes, mais surtout pour tout le reste. Qu'ils soient déposés en dehors de la chambre et éteints jusqu'au lendemain. Vous retrouverez le goût de la lecture, la conversation entre vous et pourquoi pas les joies de faire autre chose avec vos doigts...

Au restaurant, ne le posez jamais sur la table, la place du téléphone est dans le sac pour vous Mesdames, ou dans la poche de votre manteau, pour vous Messieurs.

Avec des clients

Le téléphone doit aussi rester en dehors de la table, votre attention se doit d'être avec votre client et vous aurez pris soin de préparer des documents imprimés si vous aviez des choses à lui montrer. À l'ancienne parfois, c'est tout aussi efficace.

Avec des amis

C'est identique, la conversation doit se recréer sans téléphone. Hop ! Dans le sac. Donnez-vous de la peine et évitez de passer votre heure avec votre ami à lui montrer toutes les photos de votre téléphone. Si l'idée était d'évoquer vos dernières vacances, racontez-les plutôt que de les montrer, elles n'auront que plus de goût les yeux dans les yeux.

DÈS DEMAIN

Allez vous coucher sans portable. Si, si, je vous promets que vous pouvez essayer, vous verrez, il se passera des choses absolument formidables. N'ayez pas peur de vous-même, vous êtes votre meilleur allié.

AVOCAT, NOTAIRE, COMPTABLE : UN DOUX MÉLANGE DE CONFIANCE, TRANSPARENCE ET VIGILANCE

Pour certaines personnes, il est particulièrement pénible d'avoir affaire à ces experts ; d'abord, parce que trop souvent, on y est confronté dans des cas désagréables, ensuite parce qu'ils parlent avec un vocabulaire que l'on ne maîtrise pas forcément, qui peut mettre mal à l'aise ; et enfin, parce que l'on peut parfois avoir le sentiment de se faire avoir sans trop jamais savoir ce qu'il faut faire.

Quelle politesse accorder à ces experts et quel comportement faut-il avoir afin de se sentir plus à l'aise ?

J'aime dire que face à ces professions, avocat, notaire, comptable, mais je pourrais aussi inclure dans la liste chirurgien ou encore banquier ou fiscaliste, il convient d'adopter à mon sens un doux mélange de confiance, transparence et vigilance.

Confiance d'abord. Le choix de votre expert conditionnera la qualité de la relation.

Si vous ne connaissez pas d'expert, quel que soit le domaine visé, alors vous devez demander conseil, chercher, rencontrer et choisir en étant le plus sûr possible de votre choix. À la recherche d'un bon chirurgien, demandez à votre médecin généraliste par exemple, et s'il n'en connaît pas, rencontrez-en un premier, puis un second, et prenez le temps de choisir. Lors du premier entretien, expliquez ce que vous avez, ce que vous cherchez, ce qui vous inquiète, ce que vous attendez, comment vous avez l'habitude de vous comporter, de communiquer. Expliquez encore et encore, et parlez aux différents professionnels jusqu'à ce que vous en trouviez un qui vous ressemble. Aussi fiscaliste soit-il, il n'en reste pas moins un être humain avec lequel vous allez passer du temps ; vous devez avoir confiance en cette personne et, d'une façon ou d'une autre, elle doit un peu vous ressembler ou en tout cas, répondre à vos principales valeurs.

Transparence ensuite. Sans vérité, il sera impossible à l'expert de comprendre votre situation.

Qui dit vérité dit donc toute la vérité. En effet, vous êtes invité à dire si vous avez eu une aventure, si vous voulez divorcer, si vous avez triché, si vous avez menti dans votre déclaration de revenus, si vous fumez ou pas, si vous avez détourné de l'argent, si vous avez mal, vraiment mal, pas mal, si vous vous êtes trompé dans le protocole, si vous avez pris ou non ce médicament, bref, afin d'être bien défendu ou bien conseillé, il faut que l'expert sache exactement ce qu'il s'est passé, où il en est et où vous voulez aller.

Vigilance enfin. Quel que soit le niveau d'expertise, votre bon sens aura toujours sa place.

Vous n'êtes pas notaire, cela va sans dire, en revanche vous avez un cerveau, à votre service, alors utilisez-le ; vous avez vécu des choses et traversé des expériences, faites-y appel. En posant des questions, vous pouvez ne pas comprendre, mais si vous les posez encore ou différemment, vous finirez par savoir de quoi on parle. Quand mon fils aîné est né, il a attrapé une bactérie, *Escherichia coli*. Le lendemain de sa naissance, il a quitté le cocon de la chambre à la maternité et a été emmené à l'hôpital Brune où il a été mis en couveuse. Nous ne pouvions aller le voir qu'avec des tenues de cosmonaute et des gants pour le toucher à l'intérieur de sa petite bulle. J'ai posé mille questions pour comprendre et je me souviens d'avoir retenu des chiffres, comme indicateurs d'une bonne évolution à atteindre dans les jours à venir. Aujourd'hui, je suis bien incapable de savoir quels étaient ces indicateurs, mais je me souviens parfaitement que trois jours après, ces fameux chiffres qui m'avaient été communiqués par l'interne avaient été atteints et qu'il m'avait pourtant dit : « Il doit encore rester à l'hôpital. » Je me rappelle alors avoir contesté, m'être assise face au médecin et lui dire : « Vous m'avez expliqué cela il y a trois jours, aujourd'hui, ce n'est plus vrai, asseyez-vous en face de moi et expliquez-moi autant de fois que nécessaire, jusqu'à ce que je comprenne. » Il a pris le temps de le faire, sans doute aussi avait-il senti dans ma voix que je ne bougerais pas sans avoir parfaitement compris ce qui allait se passer pour mon enfant.

Je pense intimement que peu importe votre situation, vous ne devez jamais vous déconnecter de vos intuitions, de vos émotions, de vos ressentis, et plus encore, de votre instinct. Votre bon sens est votre meilleur allié, il doit rester quelque part comme une boussole d'orientation à laquelle vous pouvez vous fier en toutes circonstances, même en terre inconnue où la langue parlée n'est plus la vôtre.

DÈS DEMAIN

N'ayez pas peur des experts, quel que soit leur domaine d'expertise. Utilisez votre bon sens et posez autant de questions que vous en avez besoin, jusqu'à ce que vous soyez en confiance et que vous puissiez avancer avec votre conseil, en toute sérénité.

L'ARGENT COMME SOURCE D'ÉNERGIE

Faites l'expérience de vous demander ce que représente l'argent dans votre vie et posez cette même question à vos proches. Pour certains, l'argent est un objectif de vie - devenir riche -, pour d'autres, l'argent est une source de liberté, pour d'autres encore, un maître diabolique auquel il ne faut jamais obéir, ou une preuve de réussite, un moyen d'aider les autres, une façon de montrer que l'on est intelligent, une revanche sur ses parents ; il y a mille et une façons de considérer l'argent, chacune d'entre elles correspondant à chacun d'entre nous.

Le rapport à l'argent est culturel aussi, religieux parfois. Un de mes amis russes m'a dit un jour : « Tu sais, nous, en Russie, nous n'avons pas du tout le même rapport que vous à l'argent. Chez nous, un jour tu as tout et le lendemain, tu n'as plus rien, l'État t'a tout pris. L'argent n'est pas si important, si tu en as, c'est tant mieux, et quand tu n'en as plus, tu recommences, ce n'est pas très grave. »

Mais faut-il rendre ses hommages à l'argent ? Devons-nous lui présenter notre considération ? Vaut-il la peine de recevoir nos politesses ? Est-il un allié ou un ennemi ? Quelle est sa vraie nature ?

Je me suis récemment interrogée sur l'argent dans ma vie et ce qu'il représentait pour moi.

Petite, je voulais être une femme d'affaires internationale et je pensais que l'argent viendrait en conséquence. Je n'avais pas forcément tort et ça a été le cas. Grâce au fruit de mes années de travail, j'ai pu acheter mon appartement à Paris.

En allant vivre dans le Sud avec mon mari, nous avons quitté cet appartement familial et je l'ai loué, il nous rapportait ainsi un loyer mensuel confortable.

Avec le temps, nous avons acheté une maison que nous avons dû rénover. Les budgets étant importants, je n'avais pas de quoi financer la rénovation de notre future maison de famille. Je suis restée bloquée dans cette situation de nombreux mois sans avoir de solution. Avec mon statut de gérante, je ne pouvais pas emprunter d'argent et je regardais avec immobilisme mon appartement à Paris comme une source de revenus dont je ne pouvais me départir. Cet appartement représentait un patrimoine que je voulais transmettre, une grande partie de ma vie, je ne voulais pas le vendre et, comble économique, il était loué, ce qui me rapportait de l'argent tous les mois.

Pas d'emprunt, pas de vente, j'étais bloquée.

À tourner en rond, l'argent et son incarnation patrimoniale m'emprisonnaient, je ne pouvais plus avancer. J'ai passé des moments difficiles à ne plus savoir par où passer jusqu'à ce qu'une conversation avec une de mes meilleures amies me débloque. Je partageais avec elle mon sentiment de tourner en rond sans trouver de solution et elle m'a répondu : « Je te confirme que tu tournes en rond. À quoi te sert ton appartement à Paris ? Tu y as vécu des joies, mais aussi de nombreuses peines, finalement, tu t'en fous. Vends-le et finance les travaux avec l'argent que tu percevras ! »

Clémence m'a profondément aidée, puisqu'en me sortant de ma position transie, elle a remis du mouvement dans ma vie et l'argent à sa place. Après cet échange et encore quelques semaines de réflexion, j'ai fini par décider de vendre mon appartement à Paris et d'utiliser l'argent pour financer les travaux de notre maison de famille.

J'aime aujourd'hui cette liberté que j'ai gagnée je crois face à l'argent, cette façon de le considérer non plus comme un objectif à atteindre ou comme une finalité en soi, mais comme une source d'énergie circulante qui doit permettre de financer, de construire, d'avancer et d'accomplir des projets.

Immobilisé, l'argent pourrait avoir tendance à devenir le maître, en générant la peur de la perte, une certaine aversion au risque et une relative sédentarité dans sa zone de confort. Ainsi, si nous devions faire preuve de politesse face à l'argent, alors je pense que nous lui devrions le mouvement. Mais à qui d'ailleurs ne devrions-nous pas le mouvement ?

DÈS DEMAIN

Dès demain demandez-vous à quoi vous sert l'argent ? que représente-t-il dans votre vie ? que pourriez-vous faire sans ou avec ? de quoi pourriez-vous vous alléger ? êtes-vous esclave, maître ou neutre ? Prenez ainsi le temps de redonner à l'argent la place qui doit être la sienne, soyez en paix avec cette position, c'est vous qui décidez.

LE MOUVEMENT COMME POLITESSE FACE À LA VIE

S'il y a une politesse que nous devons rendre à la vie, c'est à mon sens celle du mouvement. Le mouvement comme clé du bonheur, le mouvement comme obligation de source de vie.

Face aux malheurs ou face aux difficultés, l'ordre des choses de la vie est souvent le même. D'abord une stupéfaction, puis un immobilisme dans la peine et la douleur, plus ou moins long. Bien sûr, il faut vivre sa peine afin que le deuil se fasse - quel qu'il soit -, mais il faut garder en tête que le baromètre de la vie est le mouvement. En avant, toujours. Au bout d'un moment il faut repartir.

« L'important n'est pas d'attendre que les orages passent mais d'apprendre à danser sous la pluie. » Jamais une phrase n'a été aussi juste.

La réalité de la vie est celle-là et vous aurez beau attendre que telle ou telle chose se produise, il ne sert à rien de perdre votre temps ; entre aujourd'hui et le point que vous voulez atteindre, il y a un chemin à parcourir, dans le mouvement donc.

Pendant de nombreuses années, notamment pendant ma carrière, je me suis très souvent demandé si je générais ce qui m'arrivait ou si l'Univers m'envoyait tout ce que je vivais et que j'acceptais de le prendre. Je n'ai toujours pas vraiment de réponse, un peu des deux sûrement, mon capitaine. Mais ce que j'ai fini par comprendre avec les années, c'est que l'immobilisme qui consiste à attendre que ça aille mieux ou à croire qu'il faille totalement guérir pour agir est, la plupart du temps, étouffant, gangrenant et calcifiant.

Quand j'ai vendu mes affaires à mon ancien associé en 2018, je suis passée de « gérante de 22 restaurants » à « plus rien » et j'ai ressenti un sentiment de vide immense.

J'avais moi-même créé cet empire, je n'aurais pas dû avoir peur puisque je ne devais ma réussite dans les affaires qu'à moi-même. Pourtant, dévêtue de tout cela, de mes employés et de la densité de mon quotidien luxueux, je me mise à perdre pied. Pendant de longs mois, j'ai eu peur. Peur de recommencer ma vie d'avant, peur de ne plus savoir faire, peur un peu de tout. Et puis j'ai recommencé petit, différemment, en m'autorisant à faire autrement. Je n'avais plus envie de certaines choses et je n'assumais pas encore d'en avoir envie d'autres, car il est difficile dans la vie, et particulièrement en France il faut l'admettre, de changer de trajectoire.

J'étais une grande professionnelle de la restauration haut de gamme et de l'hôtellerie de luxe, je pouvais faire du conseil, c'était logique, mais sous couvert de quelle raison ou de quel argument aurais-je pu faire autre chose ? Pouvais-je ainsi me réinventer directrice artistique ? Créer une plateforme d'e-commerce ? Et demain, écrire un livre sur la politesse et le bonheur ?

Eh bien, parce que j'en avais envie, tout simplement.

Alors, je me suis mise en mouvement et j'ai lancé milouin.com, cette plateforme où j'ai référencé une partie de tous ceux que j'ai rencontrés pendant ma carrière et où j'ai mis en scène ce que je pensais être beau et utile au quotidien.

Partant de là, j'ai écrit des *newsletters*. C'était si naturel ! Aussi loin que je me souvienne, j'ai toujours écrit. Et puis mon mari m'a dit un jour : « Tu ne veux pas les lire à voix haute, les *newsletters* ? Pour des personnes comme moi qui n'aiment pas lire. » J'en ai parlé à mon ancienne directrice de la communication qui m'a alors répondu : « Et tu sais ce qu'on va faire, non seulement tu vas les lire, mais en plus tu vas les lire face caméra... » L'exercice m'amusait, la mise en scène, écrire, lire, faire vivre, partager, j'étais au cœur de ce que j'aimais, exprimé différemment.

Le personnage de la Duchesse était né, ses Chroniques aussi.

Quelques mois après est née l'idée d'écrire un livre pour parler de cette façon de voir la vie, à travers le spectre de la politesse, la politesse comme un certain chemin d'accès au bonheur. J'en ai parlé à Hachette Pratique, à Catherine que je connaissais depuis longtemps, qui a tout de suite été séduite... La nouvelle aventure était lancée.

Quelle que soit l'intensité du chemin à parcourir, il vaudra toujours mieux l'emprunter que de s'arrêter sur le bas-côté, car à l'instar d'une course, faire une pause au ravito permet de reprendre son souffle, mais y rester trop longtemps peut engourdir les muscles, au risque de ne plus repartir.

Le mouvement offre une grande liberté d'action, il convient ainsi à mon sens de toujours le suivre, l'entretenir, et si parfois la vie nous fige, alors il faut se donner une date, un jour, un moment à partir duquel chacun le laissera entrer à nouveau dans sa vie.

DÈS DEMAIN

Dès demain, choisissez une situation qui vous bloque, une relation qui vous est pénible, trouvez un nœud de votre vie où l'énergie est à l'arrêt. Regardez-la et débloquez-la par le mouvement. Doucement, changez quelque chose, mais mettez-vous en ordre de marche, reprenez votre chemin, petit pas après petit pas, avancez pour retrouver les surprises de la vie.

LES DIX COMMANDEMENTS DE LA POLITESSE

- S'aimer et se donner toutes les politesses du monde
- Écouter vraiment, sincèrement et utilement les autres
- Ériger merci, les compliments et les pensées en mode de vie
- Cultiver votre mémoire, ne jamais lâcher son cerveau
- Savoir dire non avec gentillesse et vérité
- Être attentif aux besoins, prendre soin des autres
- Eriger ses engagements au rang d'honneurs
- Reconnaître les joies quotidiennes de la vie
- Continuer à s'émerveiller de riens
- Inscrire le mouvement comme politesse... pour la vie

58, rue Jean Bleuzen - 92178 Vanves Cedex

Direction : Catherine Saunier-Talec
Responsable éditoriale : Lisa Grall
Responsable artistique : Annabelle Mollet
Mise en page : Nord Compo
Relectures : Clémentine Sanchez et Jeanne Labourel
Fabrication : Amélie Latsch
Responsable des partenariats : Dana Lichiardopol (dlichiardopol@hachette-livre.fr)

Dépôt légal : septembre 2024
36-1077-7/01
ISBN : 978-2-01-723451-7
Imprimé en Espagne